Max Falkenberg

Der werdende Mensch.
Durch Wissen und Bewusstsein zum Erfolg.

BoD™
BOOKS on DEMAND

Für meine Eltern...

Bibliografische Information der Deutschen Nationalbibliothek:
Die Deutsche Nationalbibliothek verzeichnet diese Publikation in der Deutschen Nationalbibliografie; detaillierte bibliografische Daten sind im Internet über http://dnb.dnb.de abrufbar.

Herstellung und Verlag: BoD – Books on Demand, Norderstedt

ISBN: 978-3-734-7993-10

Inhaltsverzeichnis

Einführung

Mit unserer Sinneserkenntnis sind wir Menschen nicht in der Lage die komplette Wirklichkeit zu erfassen, da wir jedes Mal nur einen Bruchteil der Welt sehen. Das bedeutet, dass wir immer nur ein kleines Stück des Seins erfassen, nur ein kleines Stück eines Bildes, auf das unsere Aufmerksamkeit gerade gerichtet ist. Aus diesem Grund leben wir in einer Illusionswelt, die wir leider oft für die Wirklichkeit halten. Die wirkliche Welt ist für uns unsichtbar, wir können sie nicht sehen. Gerade dieses Nichtwissen und Nichtsehen der wirklichen Welt verursacht viel Unheil auf der Erde. Dieses Buch soll uns Stück für Stück einige Erkenntnisse der wirklichen Wirklichkeit offenbaren. Vielmehr soll es unser Bewusstsein für das wahre Leben sensibilisieren.

„Der werdende Mensch", in diesem Buch wird die grundlegende Entstehung und Entwicklung eines Menschen diskutiert. Ich gehe auf solche Fragen ein wie: Wie funktionieren unsere Denkprozesse, unsere Persönlichkeitsentwicklung, unser Gehirn sowie unser Bewusstsein. Ich gehe auf Fragen ein wie: Wer bin ich? Wo komme ich her? Warum gibt es die Welt? Gibt es einen Gott? und finde dazu einige Antworten in den Weisheitslehren von Laotse, Bibel und in anderen heiligen Schriften. Diese Antworten verstehen sich als Anregungen für weitere individuelle Überlegungen und Recherchen. Sicherlich ist dieses Buch keine Darstellung neuer Forschungserkenntnisse, sondern es unterzieht das vorhandene Wissen einer persönlichen Sichtung und Ordnung. Es soll als nützlich für den praktischen Gebrauch im eigenen Leben sein.

Durch unseren Zeitgeist verspüren wir in uns ein wachsendes Bedürfnis nach Selbstverstehen und Fremdverstehen. Oft suchen wir nach Deutung und Wesenserfassung des Menschen. Dabei versuchen wir den Charakter des Menschen in begründeten Gesetzlichkeiten, in seinen Erbfaktoren und Anlagefaktoren zu finden und zu erfassen. In unserem eigenen Leben und im Zusammenleben mit anderen Menschen kommt jeder von uns zu einer mehr oder weniger guten und erfolgreichen Technik des sozialen Umgangs mit unseren Mitmenschen. Jedoch sind uns diese Sozialisierungs-Prozesse keineswegs immer bewusst und veranlassen uns nur in einigen Fällen zu einer bewussten Auseinandersetzung mit diesen Prozessen. Oft sind es unsere persönlichen Krisen, die solche bewusste Auseinandersetzungen mit unseren Mitmenschen auslösen. In solchen Momenten stellen wir fest, dass unsere Menschenkenntnis äußerst gering ist. Gewöhnlich von diesem Punkt an folgt eine bewusste und erweiterte Suche nach dem Wesen des Menschen, die uns zu den Erkenntnissen bringt, dass das Wesen eines Menschen in der summarischen Intuition des Ganzen, in der ursprünglichen Einheit und in der Mannigfaltigkeit der Erscheinungen verborgen ist.

Hier werde ich auch das Phänomen des Universums – menschliches Gehirn, diskutieren. Es werden komplexe Sachverhalte über die Arbeitsweisen, Regionen und Fähigkeiten des menschlichen Gehirns diskutiert. Ich habe mich bemüht, hier die Grundkenntnisse über die Hirnstrukturen, seine Schaltungen und seine Funktionen auf eine allgemeinverständliche Weise mit entsprechenden Bildern vorzustellen. Jedoch soll man beachten, dass das menschliche Gehirn das komplexeste materielle Gebilde im Universum ist und uns dieser Exkurs ein wenig Geduld abverlangen wird. Die Auseinandersetzung mit dem menschlichen Gehirn und das Verstehen der Arbeitsweisen, seiner wichtigsten Funktionen halte ich jedoch für wichtig für die Erweiterung unseres eigenes Bewusstseins. Der Lohn dafür ist, dass wir uns damit ein plastisches Bild von den Arbeitsweisen des Gehirns erarbeiten werden und dieses Bild wird uns bei unseren eigenen Entwicklungsprozessen eine Hilfe sein. Zum Schluss wird in diesem Buch das Mysterium des menschlichen Bewusstseins diskutiert. Diese Kenntnisse halte ich für unabdingbar, wenn wir an der Neu-Gestaltung unseres Selbst, an der Selbstbestimmtheit und an der Gestaltung unserer Zukunft aktiv mitwirken wollen.

A. Wer ist der Mensch?

Mit der Frage: – „Wer ist der Mensch?", haben sich Philosophen, Wissenschaftler, Dichter und viel Anderen seit je beschäftigt. Die Antworten auf diese Fragen bewegen sich auf der einen Seite in einer völligen Fremdbestimmung, die sich im Glauben an eine göttliche Macht findet, die das Schicksal der Welt und jedes Einzelnen determiniert. Oder noch radikaler, die auf ehernen Gesetzen des ablaufenden Weltgeschehens ohne Sinn und Ziel basiert, denen die Menschen und selbst die Götter ausgeliefert sind. Auf der anderen Seite werden Antworten in der Eigensteuerung des Individuums gesehen, das bewusst und frei über sein Schicksal bestimmt. Dies entspricht unserem Empfinden, da wir bei den meisten Handlungen, die wir ausführen, das Gefühl haben, dass wir als bewusst denkendes, fühlendes und planendes Subjekt, als ICH, Verursacher des Großteils unserer Handlungen sind. Dieses ICH ist seinerseits bestimmt von Vernunft, von der Einsicht in die Sachlage und die Randbedingungen unseres Handelns und insbesondere in die Konsequenzen dieses Handelns.[1]

---

[1] Roth, G. (2003): Fühlen, Denken, Handeln. S. 19.

Die Entstehung des Menschen wird in der Bibel folgendermaßen beschrieben. Der Mensch ist ein Geschöpf innerhalb der Schöpfung der Welt. Gott schuf innerhalb von sieben Tagen – Himmel und Erde, Licht und Finsternis, Pflanzen, Tiere und Menschen. In sechs Tagen hat Gott die Welt erschaffen. Der Mensch wurde am sechsten Tage zusammen mit den Tieren erschaffen und am siebten Tag wurde Sabbat gehalten. Der Mensch ist das letzte göttliche Geschöpf, nach ihm kommt in der Welt nur noch Gott selbst. Der Mensch ist ein Geistwesen, er fragt über sich hinaus und durstet nach Gott, so wie es uns die folgende Bibelstelle lehrt:

„Und Gott sprach: Lasset uns Menschen machen, ein Bild, das uns gleich sei, die da herrschen über die Fische im Meer und über die Vögel unter dem Himmel und über das Vieh und über alle Tiere des Feldes und über alles Gewürm, das auf Erden kriecht. Und Gott schuf den Menschen zu seinem Bilde, zum Bilde Gottes schuf er ihn; und schuf sie als Mann und Weib." (1. Mose 1; 26-28)

Aus diesen Worten folgt, dass der Mensch zwar auch ein Geschöpf Gottes ist aber gleichzeitig wird der Mensch nach Gottes Ebenbild geschaffen. Der Mensch wurde von Gott als sein Idealbild geschaffen. Es war aber solch ein Mensch, der noch nicht im Sündenfall gestürzt war, so wie es das Bild „Die Erschaffung des Adams" von Michelangelo in der Sixtinischen Kapelle den Menschen darstellt.[2] In diesem Bild ist der Augenblick dargestellt, in dem Gott dem Menschen den Lebensodem einhaucht, wodurch der Mensch zu einem lebendigen Seelenwesen wird. Die symbolische Darstellung von Gott in diesem Bild ist in einem oval geformten Gewand dargestellt. Dieses ähnelt einem Längsschnitt mitten durch das menschliche Gehirn, siehe dazu auch das Abbild „Menschliches Gehirn

---

[2] Die Sixtinische Kapelle, ist einer der wichtigsten Orte der Christenheit, hier befinden sich Meisterwerke, die zu den bedeutendsten Kunstwerken der abendländischen Kultur zählen. Auf dem Gewölbe der Kapelle hat der italienische Maler Michelangelo Buonarroti 1508-1512 die Schöpfungsgeschichte dargestellt. Das Bild „Die Erschaffung des Adams" ist auf die klassische Art dargestellt. Gott ist mit einem langen weißen Bart dargestellt, damit soll die Idee der Ewigkeit unterstrichen werden. Adam liegt auf dem Boden in seiner ganzen Kraft und Schönheit des ersten Menschen, in dem Moment, wo sein Körper zu Leben erweckt wird. (Quelle: Die Sixtinische Kapelle. Eine bebilderte Führung. Edizioni Musei Vaticani. S. 40)

(Langschnitt entlang der Mittellinie)" und das Abbild „Verbindung zwischen Geist und Gehirn".

Abbild: „Die Erschaffung des Adams"
von Michelangelo.

Quelle: Die Sixtinische Kapelle. Eine bebilderte Führung. Edizioni Musei Vaticani. S. 40.

Nach den biblischen Darstellungen wird der Mensch von Gott als „Herrscher" über andere Geschöpfe Gottes eingesetzt. Gott hat die Erde dem Menschen anvertraut, dass er sie wie einen Gottesgarten pflegen soll:

> *„Und Gott segnete sie und sprach zu ihnen: Seid fruchtbar und mehret euch und füllet die Erde und machet sie euch untertan und herrschet über die Fische im Meer und über die Vögel unter dem*

Himmel und über das Vieh und über alles Getier, das auf Erden kriecht." (1. Mose 1; 28-29)

Sicherlich stellt sich gleich an dieser Stelle die Frage, ob der Mensch als gut oder böse von Gott erschaffen wurde. Zu diesem Thema existieren zahlreiche Analysen und Theorien, die von Wissenschaftlern und Philosophen erstellt und diskutiert wurden, und an vielen weiteren wird noch gearbeitet. Beispielsweise *Erich Fromm* stellte diese Frage so: „Ist der Mensch Wolf oder Schaf?" und gab dazu folgende Antworten:

„Viele sind der Ansicht, die Menschen seien Schafe; viele andere halten sie für reißende Wölfe. Beide Seiten können für ihren Standpunkt gute Argumente vorbringen. Wer die Menschen für Schafe hält, braucht nur darauf hinzuweisen, dass sie sich leicht dazu bringen lassen, die Befehle anderer auszuführen, und diese selbst dann, wenn es für sie selbst schädlich ist; dass sie ihren Führern immer in den Krieg folgen, der ihnen nichts einbringt als Zerstörung. Sie schenken jedem Unsinn Glauben, wenn er nur mit dem gehörigen Nachdruck vorgebracht und von Inhabern der Macht bekräftigt wird – von den schroffen

Drohungen der Priester und Könige bis zu den sanften Stimmen der mehr oder weniger geheimen Verführer. Es scheint, dass die meisten Menschen so leicht beeinflussbar sind wie halbwache Kinder und dass sie bereit sind, sich jedem willenlos auszuliefern, der mit drohender oder einschmeichelnder Stimme eindringlich genug auf sie einredet. Ein Mensch mit einer Überzeugung, die so stark ist, dass er dem Widerstand der Menge trotzt, ist die Ausnahme und nicht die Regel und wird oft noch von späteren Jahrhunderten bewundert, von den eigenen Zeitgenossen aber meist verlacht. Auf der Annahme, dass die Menschen Schafe seien, haben die Großinquisitoren und Diktatoren ihre Machtsysteme aufgebaut. Und eben diese Überzeugung, dass die Menschen Schafe seien und daher Führer brauchten, die für sie die Entscheidungen treffen, hat den Führern oft die ehrliche Überzeugung verliehen, dass sie geradezu eine moralische – wenn auch gelegentlich tragische – Pflicht erfüllten, wenn sie den Menschen gaben, was sie wollten: wenn sie die Führung übernahmen und die Last der Verantwortung und der Freiheit abnahmen".[3]

---

[3] Fromm, Erich (1982); Psychoanalyse und Ethik. S. 20f.

Wenn aber die meisten Menschen Schafe sind, wie kommt es dann, dass sie ein so völlig anderes Leben führen als Schafe? Die Geschichte der Menschheit ist mit Blut geschrieben; es ist eine Geschichte nie abreißender Gewalttaten, denn fast immer hat man sich die anderen mit Gewalt gefügig gemacht. Hat Talaat Pascha Millionen von Armeniern allein umgebracht? Hat Hitler Millionen von Juden allein umgebracht? Hat Stalin Millionen seiner politischen Gegner allein umgebracht? – Nein! Diese Männer standen nicht allein; sie verfügten über Tausende, die für sie töteten, für sie folterten und die es nicht nur willig, sondern sogar mit Vergnügen taten. Stoßen wir nicht überall auf die Unmenschlichkeit des Menschen – bei seiner erbarmungslosen Kriegsführung, bei Mord und Vergewaltigung, bei der rücksichtslosen Ausbeutung des Schwächeren durch den Stärkeren? Und wie oft begegnen die Seufzer der gemarterten und leidenden Kreatur tauben Ohren und verhärteten Herzen! Aus all dem zog ein Denker wie Hobbes den Schluss: „homo homini lupus" – der Mensch ist seinem Mitmenschen ein Wolf. Heute folgern viele von uns daraus, dass der Mensch von Natur bösartig und destruktiv sei, dass er ein Mörder sei, den nur die Angst vor noch stärkeren Mördern von seiner Lieblingsbeschäftigung abhalte.[4]

Jedoch wirken die von beiden Seiten vorgebrachten Argumente nicht überzeugend. Wir mögen zwar persönlich einigen potentiellen oder notorischen Mördern und Sadisten begegnet sein, die es an Skrupellosigkeit mit Stalin und Hitler aufnehmen könnten, aber es waren doch Ausnahmen und nicht die Regel. Sollen wir tatsächlich annehmen, − dass wir selbst und die meisten Durchschnittsmenschen Wölfe im Schafspelz sind, − und unsere „wahre Natur" zum Vorschein kommen wird, sobald wir die Hemmungen ablegen, die uns bisher gehindert haben, uns wie wilde Tiere zu verhalten? Man kann dieses zwar schwer widerlegen, aber ganz überzeugend ist es auch nicht. Im täglichen Leben gibt es häufig Gelegenheiten zur Grausamkeit und zum Sadismus, die man wahrnehmen könnte, ohne dass man Angst vor Vergeltung haben müsste; trotzdem lassen sich viele nicht darauf ein; ganz im Gegenteil reagieren sie mit Abscheu, wenn sie auf Grausamkeit und Sadismus stoßen. Gibt es dann vielleicht eine andere, bessere Erklärung für diesen merkwürdigen

---

[4] Fromm, Erich (1982); Psychoanalyse und Ethik. S. 20ff.

Widerspruch? Lautet vielleicht die einfache Antwort, dass eine Minderheit von Wölfen Seite an Seite mit einer Mehrheit von Schafen lebt? Die Wölfe wollen töten; die Schafe wollen tun, was man ihnen befiehlt. So bringen die Wölfe die Schafe dazu zu töten, zu morden und die Schafe tun es, nicht etwa weil es ihnen Freude macht, sondern weil sie folgen wollen; und darüber hinaus müssen die Mörder noch Geschichten erfinden, die von ihrer gerechten Sache, von der Verteidigung der bedrohten Freiheit, von der Rache für mit dem Bajonett erstochene Kinder, von vergewaltigten Frauen und von verletzter Ehre handeln, um die Mehrheit der Schafe dazu zu bringen, sich wie Wölfe zu verhalten. Diese Antwort klingt plausibel, doch lässt sie immer noch viele Zweifel bestehen. Besagt sie nicht, dass es sozusagen zwei Sorten von Menschen gibt – die der Wölfe und die der Schafe? Außerdem stellt sich die Frage, woher es kommt, dass sich die Schafe so leicht dazu verführen lassen, sich wie Wölfe aufzuführen, wenn es nicht in ihrer Natur liegt, selbst dann, wenn man ihnen die Gewalttätigkeit als heilige Pflicht hinstellt. Vielleicht ist das, was wir über die Wölfe und Schafe gesagt haben, doch nicht haltbar? Vielleicht trifft es doch zu, dass die wesentliche Eigenschaften im Menschen das wölfische ist, und dass die meisten dieses nur nicht so offen zeigen? Oder handelt es sich überhaupt nicht um eine Alternative? Ist der Mensch vielleicht sowohl Wolf als auch Schaf – oder ist er weder Wolf noch Schaf?

Die Antwort auf diese Frage ist heute von ausschlaggebender Bedeutung, in einer Zeit in der die Nationen zur Vernichtung ihrer Feinde den Einsatz gefährlichster Zerstörungswaffen erwägen und sich offenbar nicht einmal durch die Möglichkeit abschrecken lassen, dass sie bei der Massenvernichtung selbst mit untergehen könnten. Wenn wir überzeugt sind, dass der Mensch von Natur aus zur Zerstörung neigt, dass das Bedürfnis, Gewalt anzuwenden, tief in seinem Wesen verwurzelt ist, dann wird unser Widerstand gegen die ständig zunehmende Brutalisierung immer schwächer werden. Warum sollte man sich den Wölfen widersetzen, wenn wir alle Wölfe sind, die einen mehr und die anderen weniger? Die Frage, ob der Mensch Wolf oder Schaf ist, ist nur die zugespitzte Formulierung einer Frage, die in einem weiteren und allgemeineren Sinn zu den grundlegenden Problemen des theologischen und philosophischen Denkens in der westlichen Welt gehört: Ist der Mensch seinem Wesen nach böse und verderbt, oder ist er seinem Wesen nach gut und fähig, sich zu vervollkommnen?[5] Dieses Bibelzitat gibt folgende Antwort auf diese Frage.

„Denn die da fleischlich sind, die sind fleischlich gesinnt, die aber geistlich sind, die sind geistlich gesinnt. Aber fleischlich gesinnt sein ist der Tod, und geistlich gesinnt sein ist Leben und Friede. Denn fleischlich gesinnt sein ist Feindschaft wider Gott, weil das Fleisch dem Gesetz Gottes nicht untertan ist; denn es vermag´s auch nicht. Die aber fleischlich sind, können Gott nicht gefallen. Ihr aber seid nicht fleischlich, sondern geistlich, wenn anders Gottes Geist in euch wohnt.“ (Römer 8; 5-10)

In den nächsten Kapiteln werde ich mich mit der Persönlichkeit des Menschen etwas genauer auseinander setzen. Wir Menschen brauchen Antworten auf die Sinnfragen unserer Existenz. Dieses bedeutet, dass wir gewisse Normen bzw. Richtlinien für uns entdecken müssen, damit diese unserem Leben einen Sinn geben. Es ist unmöglich

---

[5] Fromm, Erich (1982); Psychoanalyse und Ethik. S. 26.

einen Menschen zu verstehen ohne über das Wesen seiner Werte und seine moralischen Konflikte im Klaren zu sein. Es wird behauptet, dass die Quelle der Normen für eine sittliche Lebensführung in der Natur des Menschen selbst verborgen ist, und dass ihre Verletzung psychische und emotionale Desintegration zur Folge hat. Die produktive Charakterstruktur einer reifen und integrierten Persönlichkeit findet ihren Ursprung in der „Tugend". Dagegen ist „Laster/Sünde" die Gleichgültigkeit gegen das eigene Selbst und deshalb Selbstverstümmelung. Die höchsten Werte des Menschen sind nicht die Selbstsucht, sondern die Selbst-Liebe, nicht die Verleugnung des individuellen Selbst, sondern die Bejahung des wahren menschlichen Selbst. Der Mensch gibt sich selbst seine Normen und entscheidet sich für die aus eigenem freien Willen. In diesem Fall ist er der Gestalter seiner Selbst. Wenn der Mensch Vertrauen in Werte hat, dann wird er sich selbst und die Fähigkeit seiner Natur dem Guten und der Produktivität widmen.[6] Die Werte, die uns in diese Richtung führen und für das menschliche Wohl sorgen, werden in den unteren Kapiteln besprochen.

---

[6] Fromm, Erich (1982); Psychoanalyse und Ethik. S. 27.

B. Wurde der Mensch verflucht?

Einige Antworten auf die Frage „Wer ist der Mensch?" finden wir in der Bibel. Beispielsweise das Alte Testament[7] steht nicht auf dem Standpunkt, dass der Mensch grundsätzlich verderbt ist. Das Paradies in dem Eva und Adam anfänglich in ihrer Nacktheit lebten stellt das Symbol für die Einheit dar. In dieser Stufe war der Mensch noch seelisch vollkommen und in einer Einheit mit Gott. Auch sein Bewusstsein kannte noch keine Polarität (z.B. Gut und Böse) und unterschied sich nicht vom kosmischen Bewusstsein, es gab noch keine Erkenntnis der Individualität.[8] Ebenfalls der Ungehorsam von Adam und Eva gegen Gott wird nicht als Sünde bezeichnet; man findet nirgends einen Hinweis darauf, dass dieser Ungehorsam den Menschen verderbt gemacht habe. Im Gegenteil ist dieser Ungehorsam die Vorbedingung dafür, dass der Mensch sich seiner selbst bewusst wurde und dass er fähig ist, sich für etwas zu entscheiden, so dass dieser erste Akt des

---

[7] Die Bibel (Das Alte Testament und das Neue Testament) ist ein altes Buch, ihre ältesten Bücher sind etwa 800 Jahre vor Christus geschrieben, die jüngsten etwa 100 Jahre nach ihm. Die Bibel ist ein heiliges Buch, weil in ihr Gott zu uns spricht.
[8] Thorwald, D. (1979); Schicksal als Chance. S. 182.

Ungehorsams letzten Endes der erste Schritt des Menschen auf dem Weg zur Freiheit war,[9] so wie wir es in den folgenden Bibelworten lesen.

> *„Wir essen von den Früchten der Bäume im Garten; aber von den Früchten des Baumes mitten im Garten hat Gott gesagt: Esset nicht davon, rühret sie auch nicht an, dass ihr nicht sterbet! Da sprach die Schlange zum Weibe: Ihr werdet keineswegs des Todes sterben, sondern Gott weiß: an dem Tag, da ihr davon esset, werden eure Augen aufgetan, und ihr werdet sein wie Gott und wissen, was gut und böse ist."* (1. Mose 3; 2-6)

Dieses Gleichnis offenbart uns, dass der Mensch durch den Ungehorsam von Adam und Eva eine zusätzliche Fähigkeit bekommen hat *„... sein wie Gott und wissen, was gut und böse ist"*. Interessanter weise hat Gott den Menschen für diese Ungehorsam nicht verflucht, so wie er die Schlange verflucht hat *„...seist du verflucht, verstoßen aus allem..."*, sondern hat er Eva und Adam ein paar Strafen

---

[9] Fromm, E. (1981); Die Seele des Menschen. S. 11ff.

auferlegt. Eva soll unter großen Schmerzen die Kinder gebären und Verlangen nach dem Mann haben:

> *„Und zum Weibe sprach er: Ich will dir viel Mühsal schaffen, wenn du schwanger wirst; unter Mühen sollst du Kinder gebären. Und dein Verlangen soll nach deinem Manne sein, aber er soll dein Herr sein."* (1. Mose 3; 16)

Dem Adam wurde als Strafe der *„verfluchte Acker"* gegeben, den er mit Mühsal bearbeiten soll:

> *„Und zum Manne sprach er: Weil du gehorcht hast der Stimmer deines Weibes und gegessen von dem Baum, von dem ich dir gebot und sprach: Du sollst nicht davon essen –, verflucht sei der Acker um deinetwillen! Mit Mühsal sollst du dich von ihm nähren dein Leben lang. Dornen und Disteln soll er dir tragen, und du sollst das Kraut auf dem Felde essen. Im Schweiße deines Angesichts sollst du dein Brot essen, bis du wieder zu Erde werdest, davon du genommen bist. Denn du bist Erde und sollst zu Erde werden."* (1. Mose 3; 17-20)

In den oben genannten Bibelquellen wird gezeigt, dass Gott seine ungehorsamen Kinder nur bestraft hat. Hätte Gott es gewollt, hätte er Eva und Adam gleich nach diesem Vergehen vernichtet. Aber er tat es nicht. Dies bezeugt, dass Gott mit uns Menschen noch viel vor hat. Wir Menschen wurden nach seinem Ebenbild geschaffen, das heißt, wir sind wie Gott. Gott hat zwar Eva und Adam für ihren Ungehorsam bestraft und die Schlange sogar für immer verflucht, jedoch sagt er, dass der Mensch durch seinen Ungehorsam noch göttlicher geworden ist, siehe folgendes Bibelzitat:

> *„Und Gott der Herr sprach: Siehe, der Mensch ist geworden wie unsereiner und weiß, was gut und böse ist.....Da wies ihn Gott der Herr aus dem Garten Eden, dass er die Erde bebaute, von der er genommen war."* (1. Mose 3; 22)

Die aus dem Paradies vertriebenen Menschen sind keine Idealbilder mehr, so wie Gott sie in seiner Uridee erschuf. Der aus dem Paradies vertriebene Mensch wurde von Gott durch die Auferlegung bestimmter Aufgaben bestraft. Nun müssen die Menschen den Weg der Erkenntnis gehen und aus freiem Willen Entscheidungen treffen, die sie wieder ins Paradies bzw. zur Einheit mit Gott führen werden. Die zentrale Bedeutung in der Beziehung zwischen Gott und dem Mensch liegt in der Individualisierung der Erkenntnisse, die schließlich dann die Einheit mit Gott bringen. Durch unsere Erkenntnis werden wir geläutert und Gott nimmt uns mit Freude wieder auf, so wie es auch der Fall mit dem Verlorenen Sohn war (siehe dazu das Buch „Für Dich ist ALLES möglich!" Kapitel B: Wo fängt der Sinn des Lebens an?).

Da der gestürzte Mensch materiell ist, kann man die Gottähnlichkeit auf den konkreten, weltlichen Menschen in unserer stofflichen Welt nicht anwenden. Die weltlichen Menschen sind zwar lebendige Seelenwesen, mit dem Ziel, sich immer näher zur Gottähnlichkeit zu entwickeln. Als Unterstützung dazu dient uns die in uns innewohnende Sehnsucht, die uns dazu treibt. Diese Sehnsucht kennen wir als die Suche nach dem Glück. Das Finden des Glücks bedeutet die Überwindung der Polarität und somit das Wiederfinden der Einheit mit Gott. Es scheint jedoch so, als wäre der Ungehorsam von Adam und Eva von Anfang an in Gottes Plan beschlossen gewesen. Der Mensch ist gerade dadurch, dass er aus dem Paradies vertrieben wurde, in die Lage versetzt worden, seine Geschichte selbst zu gestalten, seine menschlichen Kräfte zu entwickeln und als voll entwickeltes Individuum mit seinen Mitmenschen und der Natur zu einer neuen Harmonie zu gelangen. Diese tritt an die Stelle der früheren Harmonie, als der Mensch noch kein Individuum war. Ganz sicher ist, dass der Mensch nicht grundsätzlich verderbt ist und ohne einen besonderen Gnadenakt Gottes errettet werden kann. Freilich ist damit nicht gesagt, dass seine Anlage zum Guten auch unbedingt den Sieg davontragen wird. Wenn der Mensch böses tut, wird er selbst auch böser. Beispielsweise das Herz des Pharao verhärtete sich, weil er immer weiter Böses tut; es verhärtet sich so sehr, dass schließlich ein Punkt erreicht ist, an dem für ihn keine Umkehr und keine Buße mehr möglich ist.[10] In so einem Fall kann sich Gott gegen den Menschen entscheiden. Die folgende Bibelstelle zeigt, dass Gott von den bösen Menschen so enttäuscht ist, dass er sich entscheidet, alle Lebewesen bis zu den Vögeln hin, zu vernichten.

---

[10] Fromm, E. (1981); Die Seele des Menschen. S. 14.

Jedoch wird die Barmherzigkeit Gottes in seiner Einstellung Noah gegenüber gezeigt. Denn Noah war ein frommer Mann und wandelte mit Gott. Gott legte somit seine Hoffnung in Noah und sein Geschlecht und ließ die Menschen weiter auf der Erde leben:

> *„Als aber der Herr sah, dass der Menschen Bosheit groß war auf Erden und alles Dichten und Trachten ihres Herzens nur böse war immerdar, da reute es ihm, dass er die Menschen gemacht hatte auf Erden, und es bekümmerte ihn in seinem Herzen, und er sprach: Ich will die Menschen, die ich geschaffen habe, vertilgen von der Erde, vom Menschen an bis hin zum Vieh und bis zum Gewürm und bis zu den Vögeln unter dem Himmel; denn es reut mich, dass ich sie gemacht habe. Aber Noah fand Gnade vor dem Herrn."* (1. Mose 6; 5-8)

Das Alte Testament enthält mindestens ebenso viele Beispiele von Übeltätern wie auch von gerechten Menschen und nimmt auch so erhabene Gestalten wie König David nicht aus. Nach Auffassung des Alten Testaments besitzt der Mensch beide Fähigkeiten – die zum Guten und die zum Bösen – und er muss zwischen Gut und Böse, Segen und Fluch, Leben und Tod selbständig wählen. Gott greift nicht einmal in diese Entscheidung ein; er hilft, indem er seine Boten, die Propheten, schickt, um die Menschen zu lehren, wie sie das Gute verwirklichen und das Böse erkennen können, und um zu warnen und zu protestieren. Aber nachdem dies geschehen ist, bleibt der Mensch mit seinen beiden Trieben sich selbst überlassen, dem Trieb zum Guten und dem zum Bösen, und er allein muss sich entscheiden.[11]

Gott schuf Leben auf Erden und von Beginn der Schöpfung will Gott nur das Heil der Welt. Er stellt im Menschen die Gottebenbildlichkeit dar. Das göttliche ist bereits in der menschlichen Existenz anwesend. Der Mensch ist der Repräsentant der Hoheit Gottes in der Welt. Wir Menschen sind die Worte, mit denen Gott seine Geschichte erzählt und er lädt uns Menschen auf einen Dialog mit ihm ein. Durch den Menschen kommt Gott in der Welt vor. Die anderen Kreaturen bekommen von Gott keine

---

[11] Fromm, E. (1981); Die Seele des Menschen. S. 14.

Sprache, nur die Menschen. Die Sprache dient ihm als Verständigungsmittel mit den anderen. Durch die Sprache reden wir mit Gott. Durch die Gabe der Sprache an den Menschen, zeigt uns Gott, dass er mit dem Menschen kommunizieren möchte, er findet in seinem Geschöpf Resonanz. Nur im Menschen gelang der Vorgang des Lebens zum Bewusstsein seiner selbst. Der menschliche Geist besitzt die einzigartige Möglichkeit, über sich selbst nachzudenken. Durch diese Gabe ist es dem Menschen möglich, komplexe Denkprozesse zu durchleben und zu gewissen Erkenntnissen zu gelangen, dazu die folgenden Bibelworte:

„Das Gleichnis aber ist dies: Der Same ist das Wort Gottes. Die aber an dem Wege sind, das sind, die es hören; danach kommt der Teufel und nimmt das Wort von ihrem Herzen, auf das sie nicht glauben und seelig werden. Die aber auf dem Felsen sind, wenn sie es hören, nehmen sie das Wort mit Freuden an. Doch sie haben nicht Wurzel; eine Zeitlang glauben sie, und zu der Zeit der Anfechtung fallen sie ab. Das aber unter die Dornen fiel, sind die, die es hören und gehen hin

unter den Sorgen, Reichtum und Freuden des Lebens und ersticken und bringen keine Frucht. Das aber auf dem guten Land sind, die das Wort hören und behalten in einem feinen, guten Herzen und bringen Frucht in Geduld." (Lukas 8; 11-15)

Gott schuf den Menschen zwar nach seinem Abbild, aber er hat nicht erwartet, dass die Menschen so böse sein werden. Aus diesem Grunde arrangierte er die große Flut, in der alle ungerechten Menschen umkamen und nur Noah und alles was mit ihn in seiner Arche war überlebten, denn Noah tat alles genauso, wie Gott es ihm aufgetragen hatte. Weiterhin entschied Gott den Menschen die Wahl zwischen Gut und Böse zu entscheiden. Aus diesem Grund wurde uns Menschen der Verstand und auch der freie Wille gegeben. In dem Moment, in dem der Mensch dies begreift, dass er diese Wahl hat, hört er auf ein Tier wie die anderen zu sein. Er beginnt sich die Fragen nach sich selbst und nach der Welt zu stellen und nach Antworten zu suchen. So beginnt der Prozess der Menschwerdung, der Prozess der Bewusstwerdung. Einer der grundlegenden Unterschiede zwischen Mensch und Tier ist das ausschließlich beim Menschen auftretende Phänomen der Intentionalität. Es bezeichnet die Fähigkeit, zwischen der eigenen Person als Subjekt und Entitäten der Umgebung als Objekten zu unterscheiden. Der Mensch kann sich Dingen bewusst sein, mit denen er nicht in unmittelbarem Kontakt steht, während Tiere in der Regel ausschließlich eine Relation zu Objekten und Prozessen etablieren können, die ihnen nahe stehen (z.B. Essen, Bauen eines Nests, Flucht). Das menschliche Bewusstsein ist im Unterschied zu dem der Tiere in der Lage auch mit konkreten Objekten assoziierte Begriffe wahrzunehmen und diese in begriffliche Hierarchien einzuordnen. Hierdurch ist der Mensch als einziges Lebewesen befähigt, logische Schlüsse zu ziehen. Das menschliche Bewusstsein stellt daher die Grundlage für die einzigartige Fähigkeit des Menschen dar, durch die Entwicklung neuer Technologien auf die natürliche Umgebung einzuwirken. Dies führte von der Erfindung des Rads bis zur heutigen Entwicklung modernster Computertechnologien, die uns unter anderem dazu befähigen, die Funktionsweise des menschlichen Gehirns zu analysieren. Abgesehen hiervon ist das menschliche Bewusstsein auch in der Lage, sich in andere Personen hineinzuversetzen und deren Gedanken teilweise zu verstehen und diese nachvollziehen.[12]

Der Mensch entwickelt sich von einem Tierwesen zu einem Geistwesen. Diese Evolution erfolgt über Millionen von Inkarnationen. Diese Evolution ist nicht der jeweilig bewohnte Körper, sondern die zeitlose, höchste Bewusstseinsform, der Urgeist, das Selbst. Im Rahmen seiner Evolution bekommt der Mensch die Einsicht in das Leben und entschließt sich zurück zur Quelle seines Seins zurückzukehren. So lernt der Mensch sein Ego zu reduzieren und schließlich gelingt es ihm, es vollkommen aufzugeben,[13] um danach wirklich zu leben:

> *„Ich bin die Auferstehung und das Leben. Wer an mich glaubt, der wird leben, ob er gleich stürbe; und wer da lebet und glaubet an mich, der wird nimmermehr sterben.“* (Johannes 11; 25-26)

Da wir Menschen Ebenbilder Gottes sind, sind alle Menschen unantastbar. Jeder soll den anderen Menschen, unabhängig von seiner Rasse, Religion, gesellschaftlichen

---

[12] Hrsg. Fonds: Jahr des Gehirns 1999; Das menschliche Gehirn. S. 113.

[13] Hrsg. Meinhold, Werner; Condrau, Gion; Lnager, Gerhard (1998); Das menschliche Bewusstsein. S. 211.

Status, Leistungen etc., so hoch achten wie Gott. Darum ist alles eine Sünde, was den Menschen kaputtmacht, knechtet, erniedrigt, beleidigt, kränkt. Jeder geborene Mensch ist Gottes Geschöpf, der einen unermesslichen Wert besitzt, und darf von keinem Mitmenschen verwertet werden. Mit anderen Worten jede Verletzung des Menschen oder seiner Menschenrechte ist ein Angriff auf Gott selbst.

C. Wozu brauchen wir Werte?

Es wird behauptet, dass der Mensch aus einer körperlichen und einer seelischen Einheit besteht, die durch die Kraft der Tugend zusammengehalten werden. Historisch gesehen steht der Wertebegriffe synonym für die Tugend (d.h. Tauglichkeit oder Tüchtigkeit). Deshalb ist es notwendig, sich mit der Thematik „Werte" auseinander zu setzen und sich selbst seine persönlichen Werte bewusst zu machen.

Die Entscheidung über die persönlichen Werte drängt sich jedem Menschen in seinem Leben auf, denn er kann sich ihr unmöglich entziehen. Jeder von uns hat sich in seinem Leben – mal oberflächlicher oder auch tiefsinniger – mit der Frage: Welche Werte sind für mich persönlich wichtig? auseinander gesetzt. Selbstverständlich sind die einzelnen Werte nicht für jeden gleichbedeutend; es gibt wichtigere und weniger wichtige Werte, je nach Situation und Person. Werte sind unabhängig von Gefühlen, von inneren oder äußeren Drucksituationen, unabhängig vom Verhalten anderer, von der Mode, von der Umgebung. Werte verschwinden nicht durch Krankheit, Verluste, Unwetter, Naturkatastrophen und Scheidungen. Sie verblassen nicht mit der Zeit und können auch nicht durch Menschen, die diese Werte ignorieren oder missachten, eliminiert werden. Werte sind weder durch neue technologische Entwicklungen noch durch Globalisierung ersetzbar.[14]

Bezeichnend für Werte ist, dass sie das Erhabensein über die Kurzfristigkeit besitzen. Der Wert und die Kurzfristigkeit schließen sich aus. Die tief verwurzelten Werte, so z.B. die christlichen Werte: Glaube, Liebe und Hoffnung enthalten im jeweiligen kulturellen Kontext zu allen Zeiten und unter den verschiedensten kulturellen Bedingungen

---

[14] Vgl. Czwalina, Johannes (2002); Was ich anders machen würde. S. 81.

Antworten auf entstehende Fragen und sie enthalten in sich alle wichtigen Grundlagen für erfolgreiches Denken und Tun.[15] Zeitunabhängige Grundlagen für ein erfolgreiches und positives Handeln und Arbeiten sind u.a. Zuversicht, Freude, Vertrauen, Kommunikation, Wertschätzung, Loyalität, Wahrhaftigkeit und Glaubwürdigkeit. Es sind immer die gleichen Werte, die in unterschiedlichen Zeitepochen ihre konstante Gültigkeit haben. Sie müssen aber immer wieder neu entdeckt werden, und ihre Relevanz muss neu in die jeweilige konkrete Situation und Kultur übersetzt werden. Wir können in keiner Zeitepoche auf Werte verzichten, die sich im Laufe der Jahrhunderte und Jahrtausende zu Grundwerten der Menschheit entwickelt haben. So erleben wir auch, dass ein erfolgreiches Wirtschaften bzw. unsere Geschäftsgebaren nicht wertneutral sein können, sondern Werte wie „Vertrauen", „Wahrhaftigkeit", „Zuverlässigkeit" und „Verantwortung" benötigen. Einige Werte bestehen in allen Kulturen und sozialen Schichten, beispielsweise das Wissen, dass man nicht töten soll, das Erkennen von Wahrheit und Lüge, das Gefühl von Gerechtigkeit, das Gefühl, dass böse Taten

---

[15] Czwalina, Johannes (2001); Der Markt hat keine Seele. S. 203f.

nicht ohne Konsequenzen hingenommen werden dürfen, der Wert der Fairness. Diese und andere Werte dienen uns als Orientierung auf unserem Lebensweg. Die Beschäftigung mit den eigenen Werten ist nicht eine Frage der Demut, sondern ein klares persönliches Wollen und die persönliche Verantwortung eines jeden Menschen.[16] Menschen, die ihre Werte verinnerlicht haben, ist es möglich, über den Zeitgeist hinaus zu blicken. Diese Menschen haben die Kraft zum Widerstand und zur Zivilcourage. Sie haben die Kraft gegen Tendenzen anzugehen, die auf Dauer schädlich für ihre Gesellschaft sind. Die durch diese Menschen erreichte Lebensqualität ist das Resultat des Zusammenspiels von Werten und Aktivitäten. Die verbindlichen Wertmaßstäbe sind vom primären Interesse für alle Menschen, da sie für das Zusammenleben im privaten, familiären, wirtschaftlichen und politischen Bereich lebensnotwendig sind. Orientierungslosigkeit führt den Menschen und die Schöpfung in die Zerstörung. Als Folge zeigen sich Zersplitterungen der menschlichen Persönlichkeit: Ängste, Neurosen, Depressionen, Schizophrenie

---

[16] Brockhaus Lexikon „Tugend" und Mehr zu den Tugenden in Czwalina, Johannes (2001), Der Markt hat keine Seele. S. 233ff.

als auch Hass, Zorn, Maßlosigkeit, Habsucht, Gier.[17] Daher sind die Wertmaßstäbe unabdingbar für unsere zufriedene Zukunft und unser friedliches Miteinander.

Persönlichen Werte und Tugenden sind nicht einfach vorhanden, sondern es ist eine Bewusstmachung der richtigen Reaktion auf bestimmte Situationen. Es ist das situationsangemessene Finden und Ausrichten eines richtigen und guten Ziels, bevor das Verhalten darauf ausgerichtet wird.[18] Innerhalb eines Kulturganzen hat sich ein relativ unveränderlicher Bestand von Werthaltungen etabliert. Im Laufe der abendländischen Geschichte haben sich sieben Grundwerte oder Grundtugenden als besonders relevant und zeitlos herauskristallisiert. Es sind drei theologische Tugenden (lat. Fides, Spes, Caritas) und vier Kardinaltugenden (lat. Prudentia, Temperantia, Foritudo und Justitia) und die ihnen gegenübergestellten Gegensätze,[19]

---

[17] Czwalina, Johannes (2002); Was ich anders machen würde. S. 85f.
[18] Czwalina, Johannes (2002); Was ich anders machen würde. S. 81.
[19] Brockhaus Lexikon „Tugend" und mehr zu den Tugenden in Czwalina, Johannes (2001); Der Markt hat keine Seele. S. 233ff.

die in der folgenden Tabelle „Tugend und Last" dargestellt sind.[20]

Tabelle: „Tugend und Last"

Tugend	Last (Gegensatz)
Fides: Glaube, Treue, Ehrlichkeit (Vertrauen und Offenheit)	*Infidelitas:* Betrug, Verrat, Untreue (Misstrauen)
Spes: Hoffnung, Motivation (Überzeugung)	*Desperatio:* Pessimismus, Verzweiflung (Negative Einstellung)
Caritas: Nächstenliebe (soziale Einstellung)	*Invidia:* Egoismus (Geiz, Neid)
Prudentia: Klugheit (Vernunft)	*Stultitia:* Unvernunft (Torheit, Eigensinn)
Temperantia: Selbstbeherrschung (Mäßigung)	*Ira:* mangelnde Beherrschung, Zorn (Ungeduld)
Fortitudo: Entscheidungsstärke (Tapferkeit, Stärke, Mut)	*Inconstantia:* Unentschiedenheit (Wankelmut)
Justitia: Gerechtigkeit (Fairness)	*Injustitia:* Ungerechtigkeit (Unfairness)

Quelle: Brockhaus Lexikon „Tugend".

---

[20] Brockhaus Lexikon „Tugend".

Sicherlich sind diese einzelnen Werte nicht für jeden gleichbedeutend. Es ist eine persönliche Entscheidung, welche Werte für einen wichtig und welche weniger wichtig sind. Diese Entscheidung hängt mit der Situation, mit dem Charakter der Person und auch den Motiven der Person zusammen. Es ist sicher, dass Menschen den Wandel nicht verkraften können, wenn sie ihre Werte nicht verinnerlicht haben. Der Schlüssel zur Wandlungsfähigkeit liegt in einem unwandelbaren Gefühl dafür, wer wir sind, warum es uns gibt und was wir wertschätzen. Wenn wir in diesem Sinn unseren „Lebenssinn" treffen, haben wir die Voraussetzungen, mit allen Problemen fertig zu werden und in dem Strom des Wandels mit zu fließen.

Eine weitere Orientierungshilfe für eine friedliche Zukunft bieten uns die zehn Gebote aus der Bibel an. Die zehn Gebote sind als Angebot, als Regeln zu verstehen. Diese zehn Gebote wurden von Mose, nach der Befreiung der Israeliten aus der Sklaverei in Ägypten, in der Wüste Sinai auf dem Gipfel des Berges empfangen. Diese Gebote und Rechte wurden auf zwei steinernen Tafeln an Moses Volk übermittelt. Die erste Tafel betrifft das Verhältnis zwischen Gott und dem Menschen, die zweite Tafel regelt das Verhalten der Menschen untereinander:

„1. Ich bin der Herr, dein Gott, der dich aus Ägyptenland geführt hat, aus der Knechtschaft.

2. Du sollst keine anderen Götter haben neben mir. Du sollst dir kein Bildnis machen in irgendeiner Gestalt weder von dem, was oben im Himmel, noch von dem, was unten auf Erden, noch von dem, was im Wasser unter der Erde ist. Du sollst sie nicht anbeten noch ihnen dienen. Denn ich der Herr, dein Gott, bin ein eifernder Gott, der die Missetat der Väter heimsucht bis ins dritte und viert Glied an den Kindern derer, die mich hassen, aber Barmherzigkeit erweist an vielen Tausenden, die mich lieben und meine Gebote halten.

3. Du sollst den Namen des Herrn, deines Gottes, nicht missbrauchen; den der Herr wird den nicht ungestraft lassen, der seinen Namen missbraucht.

4. Den Sabbattag sollst du halten, dass du ihn heiligst, wie dir der Herr, dein Gott, geboten hat. Sechs Tage sollst du arbeiten und alle deine Werke tun. Aber am siebenten Tag ist der Sabbat des Herrn, deines Gottes. Da sollst du keine Arbeit tun, auch nicht dein Sohn, deine Tochter, dein Knecht, deine Magd, dein Rind, dein Esel, all dein Vieh, auch nicht dein Fremdling, der in deiner Stadt lebt, auf dass dein Knecht und deine Magd ruhen gleichwie du. Denn du sollst daran denken, dass auch du Knecht in Ägyptenland warst und der Herr, dein Gott, dich von dort herausgeführt hat mit mächtiger Hand und ausgerecktem Arm. Darum hat dir der Herr, dein Gott, geboten, dass du den Sabbattag halten sollst.

5. Du sollst deinen Vater und deine Mutter ehren, wie dir der Herr, dein Gott, geboten hat, auf dass du lange lebest und dir´s wohlgehe in dem Lande, das dir der Herr, dein Gott, gegeben wird.

6. Du sollst nicht töten.

7. Du sollst nicht ehebrechen.

8. Du sollst nicht stehlen.

9. Du sollst nicht falsch Zeugnis reden wider deinen Nächsten.

10. Du sollst nicht begehren deines Nächsten Haus, Acker, Knecht, Magd, Rind, Esel noch alles was sein ist.“ (5. Mose 5; 6-21)

Diese zehn Gebote wurden uns als Wissen überliefert. Kurz und knapp zeigen sie auf, wie das richtige Leben funktioniert. Bei Gott sind wir in richtigen festen Händen, er gibt uns Trost, Scharfsinn, Duldsamkeit, Großmut und Empfänglichkeit. Durch seine Liebe ermöglicht er uns die Konzentration auf den weiteren Horizont mit fließenden Grenzen. Die niederen Gedanken wie Neid, Faulheit, Machtlust, Raffgier behindern uns ein Leben voller Wunderwerke zu führen. Im nächsten Kapitel werde ich darüber berichten, welche Verantwortung wir Menschen, der göttlichen Schöpfung gegenüber zugesprochen bekommen haben, wie wir mit dieser Verantwortung umgehen und welche Konsequenzen wir daraus zu tragen haben.

D. Welche Beziehung haben Sie zur Natur?

In der folgenden Geschichte des Indianers Namens *Seathl* wird die Beziehung und der Umgang mit der Natur im Vergleich zwischen zwei Menschengruppen dargestellt. Einerseits erfährt der Leser in welcher Beziehung das Indianervolk zur Natur steht und auf der anderen Seite wird die Beziehung des „weißen Mannes" zur Natur (Schöpfung Gottes) dargestellt. In dem Brief aus dem Jahr 1855 des Indianerhäuptlings *Seathl* an den Präsidenten der USA wird seine große psychische Gesundheit und hohe Intuition für die Zukunftsentwicklung sichtbar. In seinem Brief klagt *Seathl* eine Denkungsweise an, die sich seit 1855 in der zivilisierten, technisch orientierten Gesellschaft noch verstärkt und weiter zugespitzt hat. Die Zerstörung unserer Welt hat heute Ausmaße angenommen, die *Seathls* Anklagen ein prophetisches Gewicht verleihen.[21]

„Der große Häuptling in Washington lässt uns wissen, dass er unser Land kaufen will. Er sagt uns dazu Worte der

---

[21] Lauster, P (2000); Lassen Sie der Seele Flügel wachsen. S. 183 ff.

Freundschaft und des guten Willens. Dies ist sehr freundlich von ihm, da wir wissen, dass er kaum auf unsere Freundschaft angewiesen ist. Wir werden uns aber euer Angebot überlegen, da wir wissen, dass, wenn wir es nicht tun, der Weiße Mann vielleicht kommen mag, um uns unser Land mit Hilfe von Gewehren wegzunehmen. Was Häuptling Seathl sagt, kann der große Häuptling in Washington mit der gleichen Sicherheit als wahrnehmen, mit der unsere weißen Brüder mit der Wiederkehr der Jahreszeiten rechnen können. Meine Worte sind wie Steine, sie gehen nicht unter.

Wie kann man den Himmel kaufen oder verkaufen – wie die Wärme des Landes? Diese Idee scheint uns sehr merkwürdig. Wir besitzen auch die Frische der Luft und das Glitzern des Wassers nicht! Wie könnt ihr sie da von uns kaufen? Jedes Stück dieses Bodens ist meinem Volk heilig. Jede schimmernde Kiefernadel, jedes sandige Ufer, der zarte Dunst in der Dunkelheit der Wälder, jede Lichtung und jedes summende Insekt ist der Erinnerung und dem Erleben meines Volkes heilig.

Wir wissen, dass der Weiße Mann unsere Art und Weise nicht versteht. Das Schicksal seines Landes ist ihm so *egal wie das eines anderen, da er in der Nacht kommt und vom Lande nimmt, was immer er braucht. Die Erde ist nicht sein Bruder, sondern sein Feind. Wenn er den Grund erobert hat, zieht er weiter. Er lässt die Gräber seiner Väter zurück und zerstört rücksichtslos den Boden für seine Kinder. Sein Appetit wird die Erde verschlingen und nur eine Wüste zurücklassen. Der Anblick eurer Städte schmerzt die Augen der Rothäute, aber vielleicht nur deshalb, weil der Rote Mann nur ein Wilder ist und nicht versteht...*

Es gibt in den Städten der Weißen keinen Ort der Stille, keinen Ort, dem Singen der Frühjahrsblätter oder dem Knispeln eines Insektenflügels zu lauschen. Aber vielleicht deshalb, weil ich ein Wilder bin und nichts verstehe, erscheint meinem Ohr der Lärm so schmerzhaft. Was ist das für ein Leben, wenn ein Mensch den lieblichen Ruf des Whippoorwill nicht hören kann oder die Stimmen der Frösche um einen nächtlichen Tümpel. Ein Indianer liebt den weichen Klang des Windes sehr, wenn er über das Gesicht eines Sees streicht, und den Duft des Windes, wenn er von einem Mittagsregen reingewaschen ist oder von einer Pinonkiefer mit süßem Geschmack beladen ist. Die Lust ist dem Roten Mann teuer, deshalb, weil alle denselben Atem haben: die Tiere, die Bäume, die Menschen. Der Weiße Mann scheint die Luft, die er atmet, gar nicht zu merken; wie ein Mensch der tagelang dahinstirbt, ist er für den Gestank empfindungslos. Falls ich mich entschließen sollte, dem Angebot zuzustimmen, werde ich eine Bedingung zu stellen haben: Der Weiße Mann muß alle Tiere dieses Landes als seine Brüder behandeln. Ich bin ein Wilder und verstehe es nicht anders. Ich habe schon tausend verwesende Büffel auf der Prärie gesehen, von Weißen Männern zurückgelassen, die sie von einem vorbeifahrenden Zug aus abknallten! Ich bin ein Wilder und verstehe es wirklich nicht, wie das rauchende Eisen-Pferd wichtiger sein kann als der Büffel, den wir nur töten, um zu leben. Was ist der Mensch ohne die Tiere? Wenn alle die Tiere nicht mehr da wären, würde der Mensch an der großen seelischen Einsamkeit sterben, denn alles, was den Tieren widerfährt, trifft auch die Menschen. Alle Dinge sind miteinander verbunden. Was immer der Erde zustößt, stößt auch den Söhnen der Erde zu!

Vielleicht könnten wir verstehen, wenn wir wüssten, was der große Traum des Weißen Mannes ist, welche

Hoffnungen er seinen Kindern an langen Winterabenden erzählt, welche Visionen er ihnen in den Geist brennt, dass sie es sich für morgen wünschen. Aber wir sind Wilde. Die Träume des Weißen Mannes sind uns verborgen. Und weil sie uns verborgen sind, gehen wir unsere eigenen Wege. Wenn wir zustimmen, dann deshalb, um wenigstens die Reservation, die ihr uns versprochen habt, zu retten. Vielleicht dürfen wir dort unsere kurzen Tage noch so verleben, wie wir es wollen. Wenn der letzte Rote Mann von der Erde verschwunden sein wird, wenn die Erinnerung nur noch dem Schatten einer Wolke gleicht, die über die Prärie zieht, werden jene Ufer und Wälder dennoch die Seelen meines Volkes festhalten, da sie dieses Land so lieben, wie ein Neugeborenes den Herzschlag seiner Mutter liebt. Wenn wir euch unser Land verkaufen, liebt es so, wie wir es geliebt haben. Sorgt euch darum, wie wir uns gesorgt haben. Haltet fest in eurem Gedächtnis, wie das Land aussieht, wenn ihr es nehmt.

Eins wissen wir, und der Weiße Mann wird es vielleicht eines Tages auch entdecken: Unser Gott ist derselbe Gott. Ihr mögt jetzt denken, dass ihr ihn besitzt, wie ihr auch das Land besitzen wollt. Aber das könnt ihr nicht. Es ist Gott für alle Menschen. Und sein Mitleid für die weißen und die roten Menschen ist dasselbe. Ihm ist die Erde wertvoll, und die Erde zu verletzen heißt, Verachtung auf den Schöpfer zu häufen. Macht weiter, euer Bett zu beschmutzen, und eines Nachts werdet ihr in eurem eigenen Müll ersticken. Wenn die Büffel alle abgeschlachtet sind, die wilden Pferde alle gezähmt, die heimlichen Winkel des Waldes schwer vom Geruch vieler Menschen und der Anblick der reifen Hügel von ratschenden Weibern verdeckt ist, wo ist dann das Geheimnis des Dickichts! Es ist fort. Wo ist der Adler hin? Er ist fort!

Mit all eurer Kraft, mit all eurem Mut und mit ganzem Herzen bewahrt es für eure Kinder und liebt es so, wie Gott uns alle liebt. Eines wissen wir: Unser Gott ist derselbe Gott. Die Erde ist ihm wertvoll."[22]

Der Indianerhäuptling *Seathl* schreibt in seinem Brief, dass alle Dinge miteinander verbunden sind, und dass das, was der Schöpfung Gottes (Erde) zustößt, auch uns Menschen zustoßen wird, wenn wir weiterhin so mit der uns anvertrauten Schöpfung umgehen werden. Gott hat

---

[22] Der Brief des Indianerhäuptlings Seathl von 1855 in Lauster, P. (2000); Lassen Sie der Seele Flügel wachsen. S. 183ff.

uns Menschen eine Aufgabe zugesprochen, er hat uns die Herrschaft über seine Schöpfung anvertraut, mit der er sehr zufrieden war, wie folgendes Bibelwort es zeigt:

„Und Gott sah alles, was er gemacht hatte,

und siehe, es war sehr gut." (1. Mose 1; 31)

Weiterhin ermahnt uns *Seathl* auf die Natur gut aufzupassen, diese nicht zu zerstören, sondern sie zu lieben, um den Zorn Gottes nicht zu wecken. Sollten wir Menschen diese Aufgabe jedoch nicht erfüllen, so droht uns der Tod:

„Ein Mensch in seiner Herrlichkeit kann nicht bleiben, sondern muss davon wie das Vieh. Dies ist der Weg derer, die so voll Torheit sind, und das Ende aller, denen ihr Gerede so wohl gefällt."

(Psalm 49; 13-14).

Um eine Zukunft auf unserem Planeten zu haben, müssen wir Menschen entsprechende Bedienungen für unsere menschliche Existenz schaffen. Es ist an der Zeit die Orientierungslosigkeit abzulegen und die Eigenverantwortung für das eigene Leben und die Natur zu übernehmen. Dabei ist es unabdingbar, eine neue Beziehung zu sich selbst sowie zur Natur zu finden und diese zu pflegen. Die neue Beziehung zur sich Selbst und zu der Natur ist kein ad-hoc Geschehnis, sondern ein Prozess, den ich Schritt für Schritt in meinen Büchern diskutiere. Um weitere Antworten auf die Sinnfragen unserer Existenz zu erhalten, ist es unabdingbar, sich tiefer mit dem Wesen des Menschen zu beschäftigen. In den nächsten Kapiteln werde ich die verschiedenen Persönlichkeitstypen der Menschen sowie die Strukturen und Funktionen des menschlichen Gehirns diskutieren.

E. Was heißt Persönlichkeit eines Menschen?

Die Persönlichkeitsforschung ist ein Teil der Psychologie, die sich mit der Erforschung der Persönlichkeit der Menschen, der Beschreibung individuellen Verhaltens und dessen Erklärung beschäftigt. Unter Persönlichkeit verstehen wir allgemein den einzelnen Menschen, insofern er seine Anlagen als Person zur besonderen Entfaltung und Ausprägung in Form einer individuellen Eigenart, charakterlichen Originalität und sittlichen Festigkeit gebracht hat. Als Persönlichkeit eines Menschen bezeichnen wir zeitlich überdauernde Muster in dem Verhalten von Menschen. Es ist eine Kombination von Merkmalen des Temperaments, des Gefühlslebens, des Intellekts, der Art zu handeln, die Art zu kommunizieren, die Art sich zu bewegen und die Gewohnheiten.[23]

Seit Jahrhunderten beschäftigen sich die Psychologen mit der Thematik, wie man die Persönlichkeit eines Menschen bestimmt. In der Fachliteratur existieren dazu zahlreiche unterschiedliche Ansätze. In diesem Buch möchte ich auf eine bekannte Lehre von Persönlichkeitstypen des Menschen von Eduard Spranger eingehen. Wir kommen mit verschiedenen Persönlichkeitsmerkmalen auf die Welt, die bei allem Wandel in der Persönlichkeit, weitgehend bestehen bleiben. Diese Grundeigenschaften auch als Temperament bezeichnet, sind zum einen Teil genetisch bedingt und zum anderen durch Umwelteinflüsse gebildet. In der Psychologie wurde viel darüber gestritten, welche Bedeutung die ersten Lebensjahre für die Entwicklung der Persönlichkeit tatsächlich haben. Einige Psycho-

---

[23] Brockhaus Lexikon „Persönlichkeit".

logen schreiben den frühkindlichen Erfahrungen keine besondere Bedeutung zu und gehen von einer gleichmäßigen lebenslangen Verformbarkeit des Menschen aus. Andere sind der Überzeugung, dass die ersten drei bis fünf Jahre und in geringerem Maße die Pubertät prägend für das spätere Leben einer Person sind. Es steht fest, dass traumatische Ereignisse kurz vor, während und nach der Geburt, wie Gewalteinwirkung, starke psychische Belastungen und Drogeneinnahme bzw. Alkohol- und Nikotinmissbrauch der Mutter gegen Ende der Schwangerschaft eine hohen Übereinstimmung mit einem späteren selbstschädigenden Verhalten, einschließlich eines erhöhten Selbstmordrisikos des Individuums, aufweisen. Dieses Verhalten erklärt sich dadurch, dass das noch sehr unreife und schnell entwickelnde Gehirn des Ungeborenen äußerst empfindlich für Umwelteinflüsse ist. Diese Einflüsse wirken direkt auf den Fötus ein oder indirekt über das Gehirn der Mutter, das mit dem Fötus eng zusammenhängt. Alle Schädigungen, die sich die Mutter selbst zufügt, beeinflusst ihr Gehirn und es werden als Reaktion bestimmte Substanzen freigesetzt, die dann über die Blutbahn zum Neugeborenen und seinem Gehirn laufen und dort Schaden anrichten können. So werden auch die Fähigkeit, Stress zu ertragen und die Empfindlichkeit für Schmerz im Erwachsenenalter vorgeburtlich und durch die Ereignisse während der Geburt bestimmt. Der frühen Mutter-Kind-Beziehung bzw. der frühkindlichen Bindungserfahrung wird eine große Bedeutung für die Entwicklung der Persönlichkeit eines Menschen zugeschrieben. Die Art der emotional-nichtverbalen Kommunikation zwischen dem Säugling und seiner leiblichen Mutter ist entscheidend für die weitere psychisch-kognitive Entwicklung des Säuglings und Kindes, und dass Defizite in diesem Bereich schwere Schäden hervorrufen können.[24]

Sicherlich kann eine solch ungesunde Vergangenheit manchen Erwachsenen Probleme bereiten, die sie mit Hilfe einer Therapie bewältigen können. Jedoch kann eine Therapie nur erfolgreich sein, wenn sie das falsche Menschenbild aufdeckt und richtig stellt. Sicherlich ist es hilfreich, wenn die Kindheit durchgesprochen wird, Verdrängungen bewusst gemacht, Abwehrtechniken entlarvt, verborgene Wünsche und Ängste aufgedeckt und beim Namen genannt werden. Aber diese Therapie nützt gar

---

[24] Fromm, Erich (1979); Psychoanalyse – Größe und Grenzen. S. 67ff.

nichts, wenn sich das Menschenbild und das Selbstbild nicht verändern. Wenn dieser Mensch nicht erkennt, wer er eigentlich ist, nämlich das „Ebenbild Gottes", wird er sein Leben lang diverse Therapien durchlaufen ohne sich jedoch voll und ganz von seinen Blockaden zu befreien:

> *„Was du dir vornimmst, lässt er dir gelingen, und das Licht wird auf deinen Wegen scheinen."*
>
> (Hiob 22; 28)

Wenn wir jedoch erkennen, wer wir wirklich sind und warum wir diese positiven oder negativen Erfahrungen auf der Erde machen, wenn wir uns dem Augenblick hingeben und die vorgefassten Einstellungen, Meinungen, Ideen, Ideale und Regeln loslassen, dann beginnen wir wirklich zu leben. Wir erkennen Gott und lassen von unserem „kleinen Ich" los. Wir können nicht erschaffen und dann das, was wir erschaffen, für uns selbst behalten, da alles von Gott geschaffen wurde und es nicht uns gehört. Oft vergessen wir wer der Schöpfer ist und welche Ursache die Schöpfung hat. Deshalb erliegen wir einer Illusion des Materiell- und Marktwerts. Diese haben keinen Wert im Vergleich zu dem absoluten Wert einer Sache als Schöpfung Gottes. Selbst wenn eine Sache keinen materiellen Wert für unser kleines Ich hat, so hat sie definitiv absoluten Wert in sich selbst. Nicht an einer Sache zu haften heißt, ihren absoluten Wert zu kennen. Wenn das „große Ich" aus uns heraus erschafft, es heißt „Geben". Deshalb sollte alles was wir tun auf solchem Wissen basieren und dann wird alles was wir tun, wirkliches Gegen sein und nicht auf materiellen oder egozentrischen Wertvorstellungen gegründet sein.[25] Durch dieses erlangte Bewusstsein, das man „mit Gott sein oder in Christus sein" nennt, haben all die Defizite keine Bedeutung mehr, so wie uns folgendes Bibelwort lehrt:

> *„Darum, ist jemand in Christus, so ist er eine neue Kreatur; das Alte ist vergangen, siehe, es ist alles neu geworden!"* (2. Korinther 5; 17)

Das neue Bewusstsein ist jedermann zugänglich und zwar unabhängig von genetischen Vorlagen, Herkunft, Bildung, Religion oder Status. Jeder Menschentyp ist in der Lage aus seinem freien Willen heraus und durch einen Produktivitätsprozess zu dem höchsten Wert der Menschen zu

---

[25] Suzuki, Shunryu (1970); Zen-Geist. Anfänger-Geist. S. 70.

gelangen – zu der Selbst-Liebe. Sicherlich sind einige Selbsterkenntnisse auf diesem Weg vom Nutzen.

F. Welcher Menschentyp sind Sie?

Ein Typus des Menschen ist kein Charakter des Menschen. Typenerkenntnisse können nie letztes Ziel des Strebens nach Menschenerkenntnis sein, sondern sie sind immer nur Vehikel zur Erkenntnis des menschlichen Charakters. Sie dürfen nicht zu starr aufgefasst sein, sondern sind als ein dynamisches Prinzip, als eine Anleitung zur Sinnerfassung zu verstehen. Ein Einzelfall präsentiert kaum den Typ hundertprozentig, sondern liegt zumeist nur in der Richtung einen Typs. Zu beachten ist dabei auch, dass keine Typologie einen allgemeingültigen Weg zur Erfassung aller vorkommenden Fälle weist. Viele Fälle sind und bleiben typusfrei.[26]

Der Schlüssel zu der Weltanschauung des Einzelnen liegt nicht etwa in dem Sosein der Dinge, sondern in der Eigen-

---

[26] In Spieth, R. (1949); Der Mensch als Typus. S. 140ff.

art seines Charakters. Dabei gehören zu den wichtigsten Grundhaltungen eines Menschen, die Haltungen, in welchen sich entweder eine größere Fremdbestimmtheit oder Selbstbestimmtheit äußert. Wir gehen davon aus, dass das Wesen des Menschen unter Anderem aus dessen Verhältnis zu den absoluten Werten, seiner Wertanschauung und seiner Wertzuwendung besteht. In unserem Leben liegt jedem geistigen Akt, sei er ein Tun oder Lassen, eine bestimmte Wertvorstellung zugrunde. Der Mensch folgt in seinem Leben verschiedenen Interessen, so ist er auch zu verschiedenen Wertvorstellungen fähig. Aus der Erfahrung wissen wir, dass menschliche Wertempfänglichkeit und Wertgestaltungsfähigkeit begrenzt sind, und dass der Mensch zu einer bestimmten Gruppe von Werten neigt, welche die anderen in ihm vorhandenen Wertrichtungen überstrahlt oder verdrängt.[27]

An dieser Stelle möchte ich etwas näher auf ein klassisches Modell der Wertpersonentypen (Sechs Grundtypen der Persönlichkeit) von *Eduard Spranger* eingehen. Dabei soll man beachten, dass diese Typen nicht als Photogra-

---

[27] In Spieth, R. (1949); Der Mensch als Typus. S. 147f.

phien des wirklichen Lebens zu verstehen sind, sondern als zeitlose Idealtypen. Diese zeitlosen Idealtypen entstehen dadurch, dass jeweils eine bestimmte Sinn- und Wertrichtung in der individuellen Struktur als herrschend gesetzt wird. Dies funktioniert nach dem Prinzip, dass in jeder geistigen Erscheinung die Totalität des Geistes innewohnend ist und die anderen geistigen Akte nicht fehlen. Jedoch wird ihre Leistung jedes Mal so umgebogen oder abgedrückt, dass sie der vorherrschenden Wertrichtung untergeordnet erscheinen. Seine Grundtypen sind gedanklich entworfene Strukturen des individuellen Bewusstseins, die sich ergeben, wenn ein Wert im Einzelnen als der beherrschende gesetzt wird. Bitte beachten Sie, dass diese Konzeptionen nur als richtungsgebend zu verstehen sind. Es sind geistige, theoretische Konstrukte eines Wissenschaftlers, die dazu dienen sollen, uns einige Grundformen des geistigen Verhaltens aufzuzeigen sowie einige Anregungen zum Verständnis der Lebensformen des Menschen darzubieten. *Spranger* unterschied seinerzeit zwischen sechs geistigen Grundakten: den Erkenntnisakten, ästhetischen Akten, ökonomischen Akten, religiösen Akten, sozialen Akten und Herrschaftsakten. Diese sechs geistigen Grundakte haben zur Ausbildung bestimmter Kulturgebiete geführt: Wissenschaft, Kunst, Wirtschaft, Religion, Gesellschaft, Staat. Seine sechs Grundtypen der Persönlichkeit basieren auf diesen Sinn- und Wertgebieten: der theoretische Mensch, der ökonomische Mensch, der ästhetische Mensch, der soziale Mensch, der Machtmensch, der religiöse Mensch.[28]

Der theoretische Mensch

Der theoretische Mensch ist durch sein Streben nach „Wahrheit" gekennzeichnet. Er glaubt, alle Probleme durch das Denken lösen zu können, wenn dieses Denken nur „richtig" ist, d.h. folgerichtig und logisch fortschreitet. Er strebt daher danach, die Dinge genau zu erfassen, sie „auf den Begriff" zu bringen, das Allgemeingültige herauszuarbeiten, die Teile in die richtige Beziehung zueinander zu stellen, alles kausal zu verknüpfen und schließlich in ein System zu bringen. Er kennt nur ein Leiden: Das Leiden am Problem, an der Frage, die auf Erklärung, Zusammenhang, Theoretisierung dringt. Dies ist seine Metaphysi-

---

[28] In Spieth, R. (1949); Der Mensch als Typus. S. 152ff.

sche Bewegtheit, dass er verzweifeln kann am Nichtwissen, jubeln kann über eine bloß theoretische Entdeckung, selbst dann, wenn diese eine Einsicht ihn tötet.

Es scheint, als ob sich in ihm eine Funktion, nämlich die des Verstandes, in besonderem Maße entwickelt und verselbständigt hat. Im Alltag nennt man ihm „Intellektualist", der alles mit dem Verstand durchdringt. Die Welt wird für ihn ein Fächerwerk von allgemeinen Wesenheiten und ein System allgemeiner Abhängigkeitsverhältnisse. Dadurch aber überwindet er die Gebundenheit an den Moment. Er lebt mehr in einer zeitlosen Welt; sein Blick umspannt eine weite Zukunft, bisweilen ganze Erdepochen, und in dieser Besonnenheit verschlingt er Vergangenes und Künftiges zu einer gesetzlichen Ordnung, die er mit seinem Geist meistert. Sein Ich hat Teil an der Ewigkeit, die von der ewigen Geltung seiner Wahrheiten ausstrahlt. Das „nur" praktische Verhalten wird vom Theoretiker gering geschätzt. Bestätigt er sich auf ästhetischem Gebiet, so wird er zum Kritiker, so wie er sich in religiöser Hinsicht vor allem zum Dogmatiker entwickelt. Politische Fragen überspitzt er gerne und verfällt in einen „theoretischen Radikalismus". In sozialer Hinsicht fehlt es ihm an

Hingabe- und Teilnahmefähigkeit, weshalb er hier als ausgesprochener Individualist erscheint. In seiner übersteigerten Form wird der Theoretiker zum Skeptiker aus System.[29]

Der ökonomische Mensch

Der ökonomische Mensch sieht die Welt unter Gesichtspunkten der Zweckmäßigkeit. Alles wird ihm Mittel zu irgendwelchen nützlichen Zwecken. Die Mittel können ihm so wichtig werden, dass er darüber den ursprünglich angestrebten Zweck ganz aus den Augen verliert. So wird ihm das Geld leicht zum Selbstzweck und verliert seine Funktion als Mittel zur Befriedigung irgendwelcher Bedürfnisse. Das Genießen gehört nicht notwendig zu seinem Wesen.

Er verfährt sparsam mit dem Stoff, mit der Kraft, mit dem Raum, mit der Zeit, um ihnen ein Maximum nützlicher Wirkungen für sich abzugewinnen. Durchaus könnte man ihn in der heutigen Zeit auch als praktischen Menschen bezeichnen, da das ganze Gebiet der Technik eben-

---

[29] in Spieth, R. (1949); Der Mensch als Typus. S. 154

falls unter dem Gesichtspunkt des ökonomischen Prinzips steht. Aber der Wert seines Tuns liegt nicht in den Tiefen einer wertentscheidenden Gesinnung, sondern in dem ganz äußerlichen Nutzeffekt. Die Griechen würden ihn also zwar einen Machenden, nicht jedoch einen Handelnden nennen. Da das Ästhetische nur einen seelischen Erlebniswert, aber keinen Nützlichkeitswert hat, bringt er für dieses Gebiet nicht viel Verständnis auf. Ein Kunstwerk ist für ihn in erster Linie ein „Wertobjekt" im ökonomischen Sinn. Theoretische Kenntnisse schätzt er nur insoweit, als sie sich praktisch-technisch auswerten lassen. Als Erfinder und Techniker kann er sich zwar mit großem Interesse der Theorie hingeben, aber nicht aus reinem Erkenntnisstreben. Stets müssen irgendwelche praktischen Erwägungen den Anlass geben. Der Mensch wird unter diesem Gesichtspunkt zum Arbeiter, der der Gefahr ausgesetzt ist, nur noch als Mittel bzw. nach seiner ökonomischen Brauchbarkeit gewertet zu werden. Zur Religion hat dieser Typus zumeist kein besonders lebendiges Verhältnis; dafür umso mehr zur Macht. Besitz gibt Macht, Wissen ist Macht. Und umgekehrt gelangt der, der Macht hat, zu Besitz. Als besondere Untertypen wären noch zu nennen: Der Unternehmer, der Spekulant, der Sparer und der Geizhals. Gegentypen: der Verschwender, der scheinbar keinen wirtschaftlichen Sinn hat.[30]

Der ästhetische Mensch

Der ästhetische Mensch ist keineswegs nur ein Mensch, der sich lediglich dem Genuss des Schönen hingibt, sondern vielmehr derjenige, der nach starken Eindruckserlebnissen strebt und in einer bedeutenden Form auf deren Ausdruck achtet. Ihm kommt nicht nur auf den Inhalt, sondern in erster Linie auf die Form an. Wir finden diesen Typ am reinsten beim Künstler verwirklicht. Die Künstlernaturen gibt es aber in allen Ständen und auf allen Lebensgebieten, teils als Genießende, teils als Schaffende. Wesentlich für diesen Typ ist das Problem der Selbstgestaltung. Die Selbstverwirklichung, Selbstvollendung und der Selbstgenuss ist das Ziel des Menschen von ästhetischer Struktur. „Sei du selbst" – eine solche innere Formgebung erfolgt nicht in rationalen Erwägungen, sondern sie ist Sache einer unbewussten Genialität. Die theoreti-

---

[30] in Spieth, R. (1949); Der Mensch als Typus. S. 154.

sche Geisteshaltung scheint diesem Typ zu nüchtern und zu trocken. Betätigt er sich auf theoretischem Gebiet, so strebt er danach, seine Erkenntnisse in eine würdige, aber persönliche Form zu kleiden, denn er ist ein ausgesprochener Individualist. Wo er in reiner Form auftritt, da herrscht nicht der Wille, dem andern in der Not des Lebens wirtschaftlich oder seelisch zu helfen, sondern die Anderen werden wie das ganze Leben zum Gegenstand des ästhetischen Genusses und der differenzierten Einfühlung. Obwohl nicht ungesellig, neigt er doch zur Distanz oder Selbstbetonung. Die Bewältigung der ökonomischen Verhältnisse des Lebens bereitet ihm meist Schwierigkeiten. Das Ästhetische verträgt sich nicht mit dem Nützlichen. Eben so wenig besitzt er für die Welt der Machtverhältnisse ein Organ. Daher hält er sich zurück, fordert Freiheit zur Selbstentfaltung und bekennt sich zum Liberalismus des schönen Menschentums. In religiöser Hinsicht neigt er zum ästhetischen Pantheismus oder zum Kult der Schönheit. Religion ist ihm, wie dem jungen Schleiermacher, Erlebnissache, ein Gefühl für das Unendliche.[31]

---

[31] in Spieth, R. (1949); Der Mensch als Typus. S. 157.

Der soziale Mensch

Der soziale Mensch wird in erster Linie nicht durch sein Mitgefühl gekennzeichnet, sondern durch die zentrale Stellung, die der Liebe in seinem Charakter zukommt. Es sind jene Liebesnaturen, die den Sinn ihres Lebens im Dasein für andere sehen, wie z.B. die Philanthropen, Kosmopoliten, religiöse Menschen, mütterlichen Menschen. Die Motivation des sozialen Typs ist dadurch gekennzeichnet, dass in ihm ein gleichsam erweitertes Ich handelt, für das die Schranke der Individuation mindestens an einem Punkte, d.h. da, wo die Liebe glüht, durchbrochen ist. Zugleich ist es ein seltsamer Kontrast zum üblichen rationalen Zweckhandeln – handeln „aus Liebe". Es kann in seiner Einseitigkeit soweit gehen, dass die gesellschaftliche Moral als unmoralisch abgestempelt wird. Der Mensch aber, dessen Lebenszentrum die Liebe ist, findet einen ausreichenden Motivationsgrund für alles Handeln darin, im Sinne des Anderen zu handeln, und genießt darin zugleich, vielleicht ganz ungewollt, seine eigene höchste Seeligkeit. Einerseits geht nichts über den Reichtum, den die Liebe gibt. Andererseits enthält nichts mehr Selbstvergessenheit als Liebe. Wegen dieser höchsten Werterfüllung liegt hier nicht bloß eine besondere Motivationsform, sondern auch eine einseitige, ganz in sich ruhende und geschlossene Moral vor. Vollen ethischen Charakter empfängt freilich das soziale Verhalten erst, wenn es zur dauernden Seelenrichtung wird. Der sozialen Motivationsform entspricht als persönliches Ethos die hingebende Treue. Menschen dieser Art haben zum religiösen Lebensgebiet ein besonderes intimes Verhältnis. Es erklärt sich auch aus der zentralen Stellung, welche die Liebe in der Religion einnimmt.

Liebe und Macht schließen sich zwar nicht aus, aber der soziale Mensch will und kennt keine andere Machtwirkung als die Macht der Liebe. Die rein wissenschaftliche Haltung mit ihrer kühlen Sachlichkeit liegt diesem Typus so wenig wie die rein ökonomische. Selbsterhaltung und Selbstentäußerung haben einen entgegen gesetzten Sinn. Der soziale Mensch hat wenig Beziehungen zum ästhetischen Gebiet, denn er wendet sich dem anderen nicht der Schönheit wegen zu, sondern ihrer selbst und ihrer bloßen Wertmöglichkeit wegen. Die stärkste Abkehr vom Ideal des sozialen Menschen, stellen die Hassnaturen dar, die Menschenfeinde.[32]

Der Machtmensch

Der Machtmensch zeichnet sich dadurch aus, dass sein Streben nach Macht einen Wert an sich darstellt. Es äußert sich darin, dem anderen kraft eigener Machtvollkommenheit, Vitalität und Daseinsenergie die eigene Wertrichtung als dauerndes oder vorübergehendes Motiv aufzuzwingen. Am sichtbarsten wird dieses Streben in der staatlich politischen Sphäre, weshalb der Machtmensch auch als politischer Mensch bezeichnet werden kann. Den Willen, den anderen überlegen zu sein, unter allen Umständen „oben" zu bleiben, ist das ständige Motiv des Machtmenschen. Einen sittlichen Wert erhält dieses Streben aber erst dann, wenn es im Dienst der Verwirklichung der Freiheit steht, d.h. wenn die Macht dazu gebraucht wird, um den jeweils höheren Wert gegenüber dem niederen Wert durchzusetzen. Das Urphänomen der Macht

---

[32] in Spieth, R. (1949); Der Mensch als Typus. S. 158.

in unserem Sinne liegt in der Kraft, dem höchsten, dem Bewusstsein als Forderung gegenübertretenden Wert folgen zu können. Diese Art der Selbstbeherrschung ist dann der Quell aller wahren äußeren Machtverhältnisse. Denn nur die Macht, die auf dem echten Gehalt der Werte ruht, ist zuletzt wahre Macht. Alles Andere entlehnt nur die formale Seite. Daraus erklärt es sich auch, weshalb jemand, der zum Herrscher erzogen werden soll, zunächst einmal erzogen werden muss, einem Gesetz, das er anerkennen soll, zu gehorchen. Der Weg zum Herrschen führt nur über das Gehorchen, und der Weg zum Selbstgehorsam führt in der Entwicklung des individuellen Geistes nur über den Fremdgehorsam.

Der Mensch, der nach Macht strebt, kann sich zur Erreichung seines Ziels aller anderen Wertgebiete bedienen, aber sie verlieren an Selbstwert. So haben Wissen, Erkenntnis und Wahrheit in seiner Hand nur den Wert eines Mittels zur Erreichung seines Ziels: eben der Macht. Für objektive Werte hat er wenig Sinn und Verständnis. Die Werte relativieren sich in dieser Sphäre „Was ist Wahrheit?". Da Reichtum Macht, oder zum mindestens Freiheit von fremdem Zwang gibt, strebt der Machtmensch nach nützlichen Dingen. Zur Steigerung der Machtentfaltung bedient er sich auch gern ästhetischer Mittel. Prunk ist ein Symbol der Macht. Am wenigsten Beziehungen bestehen zur Sphäre des Sozialen. Wer nach Macht strebt, kann nicht in Liebe für einen anderen aufgehen, es sei denn, er suche die Macht, um sich sozial, als „Menschheitsbeglücker" auswirken zu können. Dagegen verbindet sich das Machtstreben oft mit dem religiösen Menschen.[33]

Der religiöse Mensch

Der religiöse Mensch scheint uns rein gefühlsmäßig eindeutig zu sein, jedoch ist es schwierig sein Wesen allgemeingültig zu beschreiben, denn „Jeder hat seinen ganz besonderen Gott!" Das Verhältnis zu ihm scheint das individuellste zu sein, das es gibt. Es ist nicht möglich, die Fülle der Typen wirklich zu beschreiben, die sich aus der Differenzierung der religiösen Grundeinstellungen ergeben.

---

[33] in Spieth, R. (1949); Der Mensch als Typus. S. 159.

Die Grundhaltung eines religiösen Menschen befindet sich in dem Suchen nach dem höchsten Wert des geistigen Daseins. Der religiöse Mensch ist derjenige, dessen ganze Geistesstruktur dauernd auf die Erzeugung des höchsten, restlos befriedigenden Werterlebnisses gerichtet ist. Wer das Höchste in sich gefunden hat und darin ruht, fühlt Erlösung und Seligkeit. Das Haben dieses religiösen Gutes kennzeichnet sich also immer durch das Erlöstsein. Der Weg zu diesem Ziel kann erlebt werden als ein innerer Durchbruch, und insofern dieser auf ein objektives Prinzip zurückgeführt wird, das der Welt Sinn und Wert verleiht, spricht man von Offenbarung. Der Sinn der Welt wird nicht erkannt und bewiesen, sondern er kommt über uns in dem eigentümlichen Erlebnis, den die religiöse Sprache Offenbarung nennt. Ihre Vermittlungen können rein seelisch sein oder durch außerseelische Bezirke z.B. die religiös erlebte Natur oder Geschichte erfolgen. Das Entscheidende ist das „Wie" des Erlebens. Die Herbeiführung dieses eigentümlichen Zustandes, der die Offenbarung begünstigt und die Erlösung bewirkt, erfolgt durch die Seelenpflege, die auf einer charakteristischen Methode beruht. Worin für den Einzelnen der höchste Wert besteht, kann man nicht allgemein sagen. Die religiöse Sprache nennt die Anwesenheit des höchsten Weltwertes im individuellen Bewusstsein die Gnade Gottes. Je nach der psychologischen Struktur des Menschen und nach der besonderen Situation kann sie als höchst anspannendes Motiv wirken, welches die äußerste Kraft bis zur Hingabe des irdischen Lebens auslöst oder die Geduld und Ergebung in eine nicht abänderliche Wertbestimmung bewirkt. Das Schicksal kann demgemäß entweder durch einen ungeheuren, sich empörenden Willen geistig gebrochen, oder unter dem Bilde einer göttlichen Vorherbestimmung still ertragen werden. Menschen, die einmal die Gnade, dieses Erfülltsein des ganzen Wesens vom höchsten Wert, erlebt haben, streben immer wieder nach dieser beseelenden Erfahrung. Sie beobachten ihre Annäherung oder Entfernung gegenüber diesem Zustande als Gottnähe oder Gottferne.[34]

Der Wert der Erkenntnis steht für den religiösen Menschen nicht an erster Stelle. Er strebt nach höherer Erkenntnis und Gewissheit, die nur aus dem Glauben kommen kann, d.h. jener Haltung, die vom Vertrauen in die

---

[34] in Spieth, R. (1949); Der Mensch als Typus. S. 160.

Gültigkeit der Werte, die als die höchsten erfahren werden, getragen wird. Dies kann dazu führen, dass allem Wissen mit größter Skepsis begegnet wird, oder es wird nach einer höheren Form des Wissens, in der die Gegensätze aufgehoben sind, gesucht. Einige Umformungen erfahren die ökonomischen Werte, die vom religiösen Menschen als Wert von untergeordneter Bedeutung erlebt werden. Eine ungleich größere Rolle spielen dagegen die ästhetischen Werte, da sie sich als Mittel zur Steigerung der religiösen Werte benutzen lassen oder zur Entzündung des religiösen Erlebnisses dienen können. Der religiöse Charakter eines Menschen scheint sich bisweilen geradezu in seiner karitativen Haltung, seiner Bereitschaft zur sozialen Hingabe und der Betätigung christlicher Nächstenliebe zu zeigen. Jedoch kann der religiöse Mensch in dieser Liebe zu den Menschen nie letzte Befriedigung finden, da er in ihr ein Hindernis zu wahrer Gottesliebe entdeckt.[35] Die Wahre Liebe wird trefflich in dem folgenden Zitat von *Laotse* beschrieben:

---

[35] in Spieth, R. (1949); Der Mensch als Typus. S. 162.

„Es gibt nur eine Großmacht auf Erden

das ist die LIEBE

Pflicht ohne Liebe – macht verdrießlich

Verantwortung ohne Liebe – macht rücksichtslos

Gerechtigkeit ohne Liebe – macht hart

Wahrheit ohne Liebe – macht kritiksüchtig

Erziehung ohne Liebe – macht widerspruchsvoll

Klugheit ohne Liebe – macht gerissen

Freundlichkeit ohne Liebe – macht heuchlerisch

Ordnung ohne Liebe – macht kleinlich

Sachkenntnis ohne Liebe – macht rechthaberisch

Macht ohne Liebe – macht gewalttätig

Ehre ohne Liebe – macht hochmütig

Besitz ohne Liebe – macht fanatisch.

Wehe denen, die in der Liebe geizen.

Sie tragen Schuld daran, wenn schließlich

die Welt an Selbstvergiftung zugrunde geht.

Wozu lebst du, wenn du nicht lieben kannst?!"

(Laotse)

Sicherlich wurden hier in den sechs Grundtypen der Persönlichkeit nicht alle Facetten des menschlichen Wesen beschrieben, sondern nur ein Überblick zusammengefasst. Sicherlich sind in dem wirklichen Leben zahlreiche Mischformen aus solchen zeitlosen Idealtypen von Spranger zu finden, wobei auch Intelligenz eine nicht unwesentliche Rolle im Leben eines Menschen spielt.

G. Was heißt Intelligenz?

Viele Mitmenschen setzen sich falsche Grenzen nach unrealistischen Maßstäben wie dem Intelligenzgrad, der Bildung, materiellen Gütern, dem gesellschaftlichen Status etc. und berauben sich dadurch selbst ihrer Chancen ihr wahres ICH zu erfahren.

Denken gilt als Krone menschlicher Fähigkeiten. Es ist in traditioneller Sicht identisch mit dem Besitz von Verstand und Vernunft und stellt damit dasjenige Merkmal dar, welches uns neben der Sprache am eindeutigsten von den Tieren unterscheidet. Tiere sind instinktiv und haben das Denken nicht. Sie können zwar erstaunlich vernünftige Dinge tun, z.B. kunstfertige Nester bauen, nach dem Sonnenkompass fliegen und komplizierte Staaten bilden, aber sie tun dies aufgrund angeborenen Wissens und ohne Einsicht in ihr Handeln. Nur Menschen besitzen ein Vernunftvermögen, mithilfe dessen sie von Denken und Überlegen geleitete Dinge tun können. Bei dieser traditionellen Sicht der Dinge ergibt sich jedoch das Problem, dass keineswegs alle Menschen vernünftig sind. Kleine Kinder gelten klassischerweise als unvernünftig. Bestimmte Handlungen oder Äußerungen eines Erwachsenen bezeichnet man als kindlich oder gar kindisch. Auch gibt es Menschen, die man früher als „Idioten" bezeichnete. Dieses Wort kommt aus dem Griechischen und bedeutet „Privatmann", d.h. einer, der sich von der Gesellschaft absondert und nur das tut, was ihn interessiert. Dies war aus klassisch-griechischer Sicht höchst unvernünftig, denn nur im griechischen Stadtstaat, der Polis, konnte man ganz Mensch sein. Schließlich kann jeder von uns unvernünftig sein, seinen Verstand verlieren und Dinge tun, die man bei besserem Nachdenken nicht tun würde. Menschen sind offensichtlich ganz unterschiedlich mit Verstandeskräften ausgestattet.[36]

Selbstverständlich gehören der menschliche Verstand und die Intelligenz zu den komplexen Phänomenen und sind mit der Persönlichkeitsprägung untrennbar. Brockhaus Lexikon definiert *Intelligenz* als unterschiedlich definierten Komplex geistiger Fähigkeiten, oft eingeschränkt auf das Vermögen zur Lösung konkreter oder abstrakter Probleme und zur Bewältigung von in der Erfahrung neu auftretenden Anforderungen und Situationen durch das theoretische Begreifen von Beziehungen und Sinnzusammenhängen und die Verarbeitung und praktische Umsetzung des Erfassten. Als wesentliche Momente der Intelligenz werden meist die Fähigkeiten des abstrakten Denkens, die Auffassungsgabe, das Gedächtnis, z.T. auch die Kreativität angesehen. Die Intelligenz stellt einen Hauptteil der Persönlichkeit dar.[37] Intelligenz wird unter Anderem auch als ein Prozess der Bewältigung neuer bzw. neuartiger Aufgaben auf der Grundlage vorhandenen Wissens und

---

[36] Roth, G. (2003); Fühlen, Denken, Handeln. S. 177.
[37] Brockhaus Lexikon „Intelligenz".

Könnens bzw. als Automatisieren bereits erworbener Fähigkeiten verstanden.[38]

In der Fachliteratur ist nichts so umstritten wie der Begriff Intelligenz und die Brauchbarkeit von Intelligenztests. Einige Psychologen vertreten die Meinung, dass man durch eine entsprechende Ausbildung einen hohen Intelligenzquotienten erreichen kann. Andere hingegen behaupten, dass der Intelligenzentfaltung die Erbgrenzen gesetzt sind. Die heutigen gängigen Intelligenztests prüfen sowohl die allgemeine Intelligenz als auch die bereichsspezifischen Begabungen. Das Verhältnis zwischen allgemeiner Intelligenz und bereichsspezifischem Wissen ist nach wie vor ein wichtiger Gegenstand der Intelligenzforschung, insbesondere die Frage, in welchem Maße sich das erste vom zweiten überhaupt scharf unterscheiden lässt. Einige Wissenschaftler behaupten, dass die allgemeine Intelligenz bereits nach dem 20. Lebensjahr abnimmt, während die bereichsspezifische Intelligenz kaum einen Altersabbau zeigt. Die allgemeine Intelligenz übt keinen deutlichen Einfluss auf die bereichsspezifischen Intelligenzleistungen. Jedoch wird behauptet, dass das

---

[38] Roth, G. (2003); Fühlen, Denken, Handeln. S. 180.

überdurchschnittliche bereichsspezifische Wissen Defizite in der allgemeinen Intelligenz kompensiert.[39]

In den heute gängigen Intelligenztests werden so genannte primäre geistige Fähigkeiten getestet. Zu diesen gehören (1) die Kenntnis von Wörtern und ihrer Bedeutung sowie deren angemessene Verwendung im Gespräch (verbal comprehension); (2) rasches Produzieren von Wörtern, die bestimmten Erfordernissen entsprechen (word fluency); (3) Geschwindigkeit und Präzision bei einfachen arithmetischen Aufgaben (number); (4) Bewältigung von Aufgaben, die räumliches Vorstellen und Orientieren sowie das Erkennen von Objekten unter anderem Blickwinkel erfordern (space); (5) Behalten paarweise gelernter Assoziationen (associative memory); (6) Geschwindigkeit beim Vergleich oder der Identifikation visueller Darstellungen (perceptual speed); und (7) schlussfolgerndes Denken im Sinne des Auffindens einer Ordnung in einer vorgegebenen Abfolge von Zahlen oder Symbolen und die Anwendung dieser Regel bei der Vorhersage des nächstfolgenden Elements (inductive thinking, reasoning). Diese letztere Komponente, d.h. Denken und Schlussfol-

---

[39] Roth, G. (2003); Fühlen, Denken, Handeln. S. 180.

gern, wird von vielen Autoren als besonders aussagekräftig für den Intelligenzgrad einer Person angesehen. Es werden in den Intelligenztests generell sowohl sprachliche Fähigkeiten (verbaler Teil) als auch sprachunabhängige Fähigkeiten (Handlungsteil) getestet.[40] Auch die Begriffe Kreativität und Intelligenz bedeuten keineswegs dasselbe, hängen jedoch systematisch zusammen. In einer Einschätzung der Persönlichkeit kreativer Menschen stellte sich heraus, dass sie autonom, selbstgesteuert, emotional stabil und hoch leistungsmotiviert mit einer Vorliebe für Praxisdenken und kognitive Beschäftigung, von hoher allgemeiner Intelligenz und mit weit gestreuten Interessen sind. In den Kreativitätstests werden folgende Aspekte kreativen Denkens untersucht: (1) schnelles Erkennen des Problems; (2) rasches Hervorbringen unterschiedlicher Ideen, Symbole und Bilder; (3) Flexibilität des Denkens, Wechsel der Bezugssysteme und Finden von Alternativen; (4) Um- und Neuinterpretation gewohnter Dinge und Wege; (5) schnelles Erfassen der Realisierbarkeit all-

---

[40] Roth, G. (2003); Fühlen, Denken, Handeln. S. 178f.

gemeiner Pläne und (6) seltene und unkonventionelle Gedankenführungen und Denkresultate.[41]

Die Angaben eines Intelligenz-Quotienten (IQ) nach dem Mathematiker *Gauß, K.F.* beziehen sich auf einen Durchschnitt solcher unterschiedlicher Begabungen bei einer Person, wobei der IQ auf eine altersabhängige Durchschnittsintelligenz normiert ist. Dies bedeutet, dass es für bestimmte Altersstufen eine durchschnittliche Intelligenz gibt, die bei 100 liegt. IQ's über 100 zeigen dann eine überdurchschnittliche, unter 100 eine unterdurchschnittliche Intelligenz an. Die Intelligenz einer Altersstufe ist immer normalverteilt. Dies bedeutet statistisch, dass knapp 70 Prozent aller Menschen einen IQ relativ eng um den Mittelwert aufweisen, genauer innerhalb des Intervalls zwischen 85 und 115 IQ. Menschen mit einem IQ unter 85 machen einen deutlich minderbemittelten Eindruck und Menschen mit einem IQ über 115 einen deutlich intelligenten Eindruck. Hochbegabte haben in der Regel einen IQ von 130 oder mehr.[42] Das folgende Bild zeigt, wie sich die Intelligenz, nach der Theorie der De-

[41] Roth, G. (2003); Fühlen, Denken, Handeln. S. 190f.
[42] Lauster, P. (1980); Lassen Sie der Seele Flügel wachsen. S. 20f.

terministen,[43] in der Bevölkerung statistisch nach einem biologischen Naturgesetz, das grob die angeborenen Fähigkeiten in der Gesellschaftsschichten betrachtet, aufteilt. In dem folgenden Abbild

„Verteilung der Intelligenz bei Intelligenztests unter Gesellschaftsschichten" ist dargestellt, wie die Verteilung der Intelligenz bei Intelligenztests prozentual in den Gesellschaftsschichten, nach dem deterministischen Menschenbild, verteilt ist.

Abbild: Verteilung der Intelligenz bei Intelligenztests unter Gesellschaftsschichten

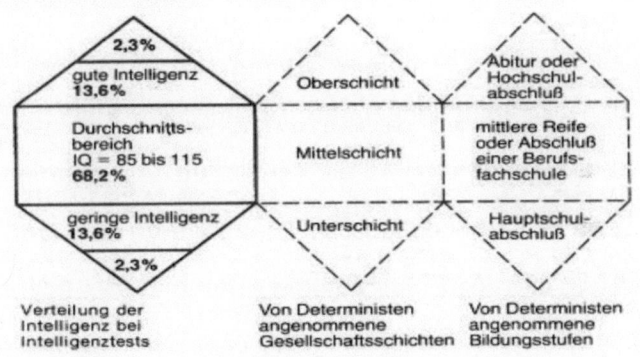

Quelle: Lauster, P. (1980); Lassen Sie der Seele Flügel wachsen. S. 30.

---

[43] Determinismus heißt Lehre von der Unfreiheit des menschlichen Willens. Der Glaube, dass die Intelligenz und viele anderen Persönlichkeits- und Charaktereigenschaften in starkem Maße durch Vererbung bestimmt werden.

Das deterministische Menschenbild, dass den menschlichen Willen bei seinen Theorien außer Acht lässt, macht den Menschen Angst, weil es enge Grenzen setzt und dadurch ein Gefühl der Enge erzeugt. Vor Allem im schulischen und beruflichen Ausleseprozess wird die Grenze und Beengung der Möglichkeiten des Aufstiegs erlebt und dies weckt zwangsläufig Angst. Auf Enge im körperlichen, seelischen und geistigen Bereich reagiert der Mensch mit Angstgefühlen, die den Sinn haben, die ängstigende Situation zu verändern oder zu verlassen. Wenn weder Veränderungen noch Flucht möglich sind, wird die Angst chronisch und mit Abwehrtechniken verarbeitet. Zum deterministischen Menschenbild gehört die Angst und alle damit zusammenhängenden psychischen Folgen. Dieses Menschenbild hindert die Menschen anzunehmen, dass sie nach dem Ebenbild Gottes geschaffen sind. Und somit stehen uns alle Möglichkeiten offen und dies unabhängig von unseren Erbanlagen, unserem Elternhaus, der Ausbildung, Rasse etc..[44]

---

[44] Lauster, P. (1980); Lassen Sie der Seele Flügel wachsen. S. 30.

H. Wie funktioniert Psychologie von Verstand und Gefühlen?

Der Gegensatz von Verstand und Gefühl ist so klassisch wie der von Liebe und Hass, von Sieg und Niederlage, von Glück und Unglück. Diese Gegensätze begleiten uns in unserem Leben und machen es so unendlich vielfältig und zugleich so schwierig. In Hinblick auf Verstand und Gefühle gibt es zum Teil krass widersprechende Ratschläge. Die antike griechische Philosophie ist gekennzeichnet durch die Entdeckung des Verstandes bzw. der Vernunft, griechisch „Logos". Ursprünglich verstand man darunter eine Art göttliches Prinzip, die vernünftige Weltordnung, die aus unveränderlichen Gesetzen besteht. Der Mensch ist durch Verstand und Vernunft, zusammen Intellekt genannt, befähigt, diese Ordnung und ihre Gesetze zu entdecken. Der Intellekt ist das Edelste, was der Mensch besitzt und wodurch er sich von allen Tieren unterscheidet. Gefühle haben hier nicht viel zu suchen, denn sie trübten das verständige und vernünftige Denken und Handeln. Die Antike unterschied zwischen edlen und unedlen Gefühlen. Zu den edlen Gefühlen gehörten der Mut, die Liebe zu den Eltern und Kindern, zu den Freunden und zum

Vaterland und zur Wahrheit. Die unedlen Gefühle waren überwiegend die Leidenschaften wie Sexualtrieb, Wut, Hass, Neid und Eifersucht. In plastischer Weise ordnete Platon diese unterschiedlichen „Seelenzustände" verschiedenen Körperteilen zu: Verstand und Vernunft residieren im Kopf, genauer im Gehirn, Mut und andere edle Gefühle befinden sich im Herzen, und die Leidenschaften hausen im Unterleib. Bis zum heutigen Tag existieren diverse Strömungen, die über das Verhältnis von Vernunft, Gefühlen und Leidenschaft nachdenken. Heute leben wir in der Weltanschauung „Gefühl ist alles" – Verstand und Vernunft dienen höchstens zur nachträglichen Rationalisierung der unbewussten Vorgänge und Entscheidungen der Seele.[45] Zunächst möchte ich an dieser Stelle die Begriffe Verstand und Vernunft erläutern.

Unser *Verstand* beinhaltet die Fähigkeit, Aufgaben in einer vorgegebenen Zeit zu identifizieren und vorhandenes Wissen richtig anzuwenden, z.B. um Probleme zu lösen oder einen persönlichen Vorteil zu gewinnen. Diese Fähigkeit ist mehr oder weniger identisch mit der Intelli-

---

[45] Roth, G. (2007); Persönlichkeit, Entscheidung und Verhalten. S. 100ff.

genz, also mit dem, was ein Intelligenztest misst. Bei der Intelligenz[46] unterscheidet man zwischen einer *allgemeinen Intelligenz*, die aus der Grundfertigkeit, schnell Informationen zu verarbeiten, besteht. Weiterhin einer *Bereichs-Intelligenz*, die ganz unterschiedliche Wissensbereiche bzw. Expertenwissen umfasst. Ein intelligenter Mensch muss entsprechend nicht nur in der Lage sein, schnell Probleme zu erkennen, sondern er muss auch über Wissen verfügen, wie das Problem gelöst werden kann, und er muss natürlich auch in der Lage sein, dieses Wissen schnell und effektiv anzuwenden.[47]

Unter *Vernunft[48]* versteht man hingegen die Fähigkeit übergeordnete Zusammenhänge, Gesetzmäßigkeiten und Prinzipien zu erfassen. Vernünftig handle ich, wenn ich gewohnt bin, die mittel- und langfristigen Konsequenzen

---

[46] Die neurowissenschaftliche Untersuchungen haben ergeben, dass Verstand und Intelligenz im dorsolateralen präfrontalen Cortex angesiedelt sind (in Roth, G.; S. 138)

[47] Roth, G. (2007); Persönlichkeit, Entscheidung und Verhalten. S. 137.

[48] Die neurowissenschaftliche Untersuchungen haben ergeben, dass Vernunft überwiegend im orbitofrantalen und angrenzenden Teilen des vertromedialen rpäfraontalen Cortex angesiedelt ist. Insgesamt kann man den orbitofrontalen Cortex als Sitz für Moral, Ethik und Gewissen ansehen. (in Roth, G.; S. 138).

meines Handelns abzuwägen. Dabei kommt es nicht nur auf meinen privaten Vorteil an, sondern auch auf die soziale Akzeptanz meines Handelns. Wir Menschen können biologisch und psychisch allein nicht überleben. Aus diesem Grund ist das, was unsere Mitmenschen denken, fühlen und tun, von großer Bedeutung für unsere eigene Existenz. Vernünftiges Handeln berücksichtigt soziale Dimension und verzichtet manchmal auf den schnellen Gewinn, auf den unmittelbaren Vorteil, schlägt Umwege ein und schließt Kompromisse, ohne das große Ziel aus den Augen zu verlieren. Vernunft ist mit Klugheit gepaart und führt zusammen mit Lebenserfahrung zu Weisheit.[49]

Aus dem Gesagten folgt, dass ein intelligenter Mensch nicht unbedingt vernünftig oder gar weise sein muss und ein intelligentes Handeln nicht unbedingt ein vernünftiges Handeln ist. Umgekehrt muss ein weiser Mensch nicht unbedingt besonders intelligent im Sinne schnellen Problemlösens sein. Manche weise Menschen denken eher langsam, dafür aber tief. Ein weiser Mensch muss auch nicht unbedingt über ein bestimmtes Expertenwissen

---

[49] Roth, G. (2007); Persönlichkeit, Entscheidung und Verhalten. S. 138.

verfügen, aber eine große Lebenserfahrung ist notwendig. Intelligente Menschen verarbeiten Informationen nicht nur physiologisch schneller und fügen deshalb Inhalte effektiver zusammen, sondern sie machen dies auch mit weniger Aufwand und beanspruchen die Energiereserven des Gehirns weniger. Während der weniger Intelligente bei einem bestimmten Problem ins Schwitzen kommt, erledigt der Intelligente die Sache mit dem kleinen Finger. Er sieht schneller, wo das Problem liegt, und kann schneller das notwendige Fachwissen für den Lösungsweg zusammenfügen.[50]

Es ist wichtig zu erkennen, dass alle Wissenschaftler nicht frei von Ideologien sind, weder Naturwissenschaftler noch Psychologen oder Philosophen. Sie sind Anhänger eines Menschenbildes, das sie in ihre Hypothesen hineinprojizieren, und sie beeinflussen damit mehr oder weniger bewusst die Ergebnisse ihrer Forschungen. Die objektiven Wissenschaftler sind nicht so objektiv, wie sie sich selbst und anderen vormachen wollen. Auch ein finanziell unabhängiger Privatforscher ist nicht frei von ideologischem Denken und dem Bedürfnis, seine Ideologie zu

---

[50] Roth, G. (2007); Persönlichkeit, Entscheidung und Verhalten. S. 137.

belegen. Manche Wissenschaftler gehen noch weiter, sie manipulieren die Ergebnisse ihrer Forschung, um das zu beweisen, was sie sich zu beweisen vorgenommen haben; sie sind sogar bereit, ihre Erkenntnisse zu fälschen, um ihr Menschen- und Weltbild zu stützen, abzusichern und weiter zu popularisieren – aus persönlichen Karrieregründen. Aber auch, damit sie ihre Ideologie weiter aufrechterhalten können. Das Menschenbild, das die meisten Durchschnittsbürger und Fachleute wie Psychologen, Soziologen, Politiker etc. in ihrem Kopf tragen ist falsch! Es wird von den Fachleuten (Psychologen, Soziologen, Philosophen) erzeugt, von den meinungsbildenden Autoritäten unserer Gesellschaft (Politiker, Arbeitgeber, Pädagogen, Theologen, Journalisten) verbreitet und von der Mehrzahl der Kinder, Schüler, Studenten, Arbeitnehmer lernend introjiziert. Diese Über-Ichs[51] sind nicht nur voll von Normen, die das persönliche, private Verhalten steuern, sondern auch voll von psychologischen Grundannahmen über das Wesen des Menschen. Normen und Menschenbild hängen eng zusammen und festigen sich gegenseitig. Das krankmachende strenge Über-Ich kann nur abgebaut

---

[51] Über-Ich: nach Sigmund Freud die seelische Instanz, in der die Normen von Autoritäten (als Gewissen) gespeichert sind.

werden, wenn das falsche Menschenbild durch ein richtiges ersetzt wird.[52]

Wenn der Mensch begreift, dass er ein Geschöpf Gottes ist, und das alles Schöpferische aus dem Geist hervorgeht und nicht aus unserem „kleinen ICH", dann entdecken wir unser „wahres Selbst". Es ist falsch zu glauben, dass der Geist die Eindrücke und Erfahrungen von außen aufnimmt. Der Geist umfasst alles und erfährt alles innerhalb seiner selbst. Wenn wir unser „kleines ICH" zur Ruhe bringen und inne hören, dann erfahren wir den „großen Geist". Der „große Geist" und der „kleine Geist" sind Eins. In diesem Wissen bzw. in dieser Erfahrung liegt das Geheimnis unseres wahren Selbst verborgen. Die Entscheidung liegt bei jedem von uns persönlich – für welches ICH wir uns im Laufe unseres Lebens entscheiden. Bei dieser Entscheidung kommt unser freie Wille ins Spiel, bei diesem Prozess wählen wir zwischen dem „kleinen ICH", und lassen uns in die Rahmen des IQ-Werts einsperren, oder wir entscheiden uns für den „großen Geist", der für jeden

---

[52] Lauster, P. (1980); Lassen Sie der Seele Flügel wachsen. S. 22.

von uns „Alles ist möglich!" bereit hält, siehe hierzu folgende Bibelzitate:

„Alle gute Gabe und alle vollkommene Gabe kommt von oben herab, von dem Vater des Lichts."
(Jakobus 1; 17)

„Siehe, ich, der Herr, bin der Gott alles Fleisches, sollte mir etwas unmöglich sein?" (Jeremia 32; 27)

Bekanntlich ist die Schöpfung Gottes nach einer bestimmten Ordnung ausgerichtet und alles was in dieser Ordnung existiert, ist einander zugeordnet, wobei die Bestimmung ohne sein Maß zu überschreiten, erfüllt wird. Selbstverständlich sind wir Menschen auch ein Teil dieser Ordnung und haben eine feste Rolle zugewiesen bekommen. Das heutige Computerzeitalter erlaubt uns, ein annäherndes Bild zu gewinnen, wie die Schöpfung durch eine innewohnende Ordnung vorprogrammiert ist. Dem menschlichen Gehirn wird nachgesagt, dass es der leistungsfähigste Computer sei, der im Universum bekannt ist. Im folgenden Kapitel möchte ich dem Leser einen Einblick in den aktuellen Stand der Wissenschaft über das menschliche Gehirn gewähren. Hier werden einige komplexe und phantastische Funktionen des Gehirns auf eine verständliche Weise vermittelt, um somit das unendlich und unergründet Maß der Göttlichen Ordnung zu zeigen.

I. Was geht in unserem Gehirn vor?

Das menschliche Gehirn – so heißt es häufig – sei das komplizierteste System im Universum. Das birgt sehr viele Rätsel in sich und keinem Wissenschaftler der Welt ist es bis heute gelungen die Tiefen unseres Gehirns komplett zu erforschen.

Wir Menschen neigen dazu, uns als Krone der Schöpfung und gegenüber dem Rest der Natur als etwas Besonderes zu fühlen. Sicherlich ist diese Einstellung annehmbar, jedoch nur unter gewissen Voraussetzungen, wie uns die folgende biblische Überlieferung lehrt:

„Denn uns ist ein Kind geboren, ein Sohn ist uns gegeben, und die Herrschaft ruht auf seiner Schulter; und er heißt Wunder-Rat, Gott-Held, Ewig-Vater, Friede-Fürst; auf dass seine Herrschaft groß werde und des Friedens kein Ende..." (Jesaja 9; 5-6)

Diese menschliche Hervorhebung und die Übertragung der Herrschaft gegenüber den anderen Lebewesen in der Welt, steigert einerseits unser Selbstwertgefühl, andererseits wird dem Menschen eine enorme Verantwortung übertragen, die uns, die Menschen, oft überfordert. Tiere tun das, was ihnen ihre Instinkte und Gefühle vorschreiben, d.h. sie verhalten sich ohne Sinn und Verstand. Natürlich können viele Tiere lernen, wenngleich mühsam per Dressur. Manchmal sind sie motorisch sehr geschickt und scheinen auch ziemlich intelligent zu sein. Aber zwei Dinge fehlen ihnen angeblich vollkommen, nämlich Verstand und Vernunft, und damit Bewusstsein und Einsicht in ihr Handeln. Von der zoologischen Betrachtung werden Menschen als Tiere gesehen und nicht als Pflanzen, Pilze, Einzeller, Bakterien oder Archaebakterien. Als Tiere sind wir − Wirbeltiere − Säuger, Affen, Menschenaffen und Schimpansenartige. Schimpansenartige ist eine ungebräuliche Bezeichnung, die jedoch eine Tatsache in sich birgt, dass die beiden Schimpansenarten (gewöhnliche Schimpansen und Bonobos) genetisch mit den Menschen enger verwandt sind als mit den nächst stehenden Menschenaffen, den Gorillas. Es ist eindeutig, dass wir Menschen von Tieren abstammen, die den heutigen Schimpansen sehr ähnlich waren.[53]

Das menschliche Gehirn ist ein rund 1,3 kg schweres Gebilde aus Nervenzellen, das permanent unter Schwachstrom steht. Es enthält mindestens 125 Milliarden Neuronen[54] (Nervenzellen) und eine Million Milliarden Verbindungen zwischen diesen, die Synapsen[55]. Wenn wir jetzt damit anfangen würden, eine Synapse pro Sekunde zu zählen, wären wir damit erst in 32 Millionen Jahren fertig. Das menschliche Gehirn kann mehr als eine Milliarde Informationseinheiten gleichzeitig verarbeiten. Das Gehirn ist ein dynamisches Organ, dessen Funktions- und Leistungsfähigkeit modifiziert werden kann – ein Vorgang, der dem Training eines Muskels ähnlich ist. Das menschliche Gehirn kann anhand von Einzelteilen ein zusammenhän-

---

[53] Roth, G. (2007); Persönlichkeit, Entscheidung und Verhalten. S. 30.
[54] Neuronen (Nervenzellen) ihre Hauptaufgabe ist Information zu integrieren und zu übermitteln.
[55] Die Synapsen sind von zentraler Bedeutung für das Funktionieren des Nervensystems. Es ist eine Verbindungsstelle zwischen der Nervenfaserendigung und dem Dendriten oder Zellkörper (seltener dem Axon) einer anderen (Nervenzelle). Chemische Synapsen erreichen die Informationsvermittlung über chemische Signale. Elektrische Synapsen erreichen die Informationsvermittlung, indem sie ein elektrisches Feld in der pastsynaptischen Zellen induzieren. (Thompson, R. (2001); Das Gehirn. S. 521).

gendes Ganzes erkennen, es besitzt eine fast unbegrenzte Speicherkapazität.[56] Allerdings ist es bei weitem nicht das größte Gehirn im Tierreich. Es gibt einige Tiere, Wale, Delfine und Elefanten, deren Gehirne bis zu 10 Kilogramm wiegen. Trotzdem sind diese Tiere auch bei möglichst objektiver Betrachtung nicht so schlau wie wir Menschen,[57] und auf die Frage, warum sie es nicht sind, gibt es keine weitere wirklich überzeugende Antwort, als dass wir Menschen nach dem Ebenbild Gottes erschaffen wurden. Dieser Tatsache entsprechend wurden wir mit den göttlichen Fähigkeiten ausgestattet.

Die Hirnforschung und die Persönlichkeitspsychologie gehen davon aus, dass die Persönlichkeit im Gehirn und im weiteren Sinne im peripheren Nervensystem[58] verankert sind, das wiederum mit dem Körper und seinen Funktionen eng zusammenhängt.[59] Das Gehirn besteht aus sechs Schichten, jede von diesen Schichten ist von unter-

---

[56] Edelman, Gerald (2004); Das Licht des Geistes. S. 29.
[57] Roth, G. (2007); Persönlichkeit, Entscheidung und Verhalten, S. 30.
[58] Periphere Nervensystem = Nerven sind Bündel von Nervenfasern, Jene Nerven in Körper und Kopf, die Informationen zum und vom Zentralnervensystem leiten, werden als periphere Nerven bezeichnet. Bündel aus Nervenfassern die aus Gehirn und Rückenmark austreten und Informationen aussenden und Empfangen. (Thompson, R. (2001); Das Gehirn. S. 13 / S. 518)
[59] Roth, G. (2007); Persönlichkeit, Entscheidung und Verhalten. S. 85.

schiedlichen Verschaltungsmustern bestimmt. Es ist in Regionen unterteilt, die verschiedenen Sinnesmodalitäten wie Hören, Tasten und Sehen verarbeiten. Andere Kortexbereiche erfüllen motorische Funktionen und regeln die Tätigkeit unserer Muskeln. Neben den sensomotorischen Kortexarealen, die Inputs aus der Außenwelt empfangen und mit Outputs auf sie einwirken, gibt es Regionen wie den Stirn-, Scheitel- und Schläfenkortex, die nur Verbindungen zu anderen Teilen des Gehirns und nicht zur Außenwelt haben.[60]

In dem Abbild „Menschliches Gehirn" sind die Strukturen und Funktionen des menschlichen Gehirns dargestellt. Komplexere Abläufe wie Sehen, Hören, Handlungsplanen, Furcht oder Gedächtnis beruhen immer auf der gleichzeitigen oder aufeinander folgenden Aktivität vieler Zentren mit solchen Teilfunktionen, die zusammen ein Netzwerk von Zentren bilden. Man spricht deshalb von der funktionellen Multi-Zentralität des Gehirns. Hinzu kommt, dass Areale und Kerne häufig funktionelle Überlappungen mit anderen Arealen und Kernen aufweisen. Bestimmte sub-

---

[60] Edelman, Gerald (2004); Das Licht des Geistes. S. 29.

corticale[61] und corticale Zentren[62] können sich deshalb bei einer komplexen Funktion (z.B. bei der Steuerung der Aufmerksamkeit, bei Gedächtnisfunktionen oder dem Entstehen von Gefühlen) unterstützen und zum Teil sogar ersetzen. Das Gehirn ist also in vieler Hinsicht funktional redundant, d.h. eine bestimmte Funktion kann auf verschiedene Weise ausgeübt werden. Das ist die Grundlage der großen funktionalen Plastizität, d.h. der Veränderbarkeit des Gehirns.[63] Um die behandelten Sachverhalte besser nachzuvollziehen, möchte ich an dieser Stelle einen visuellen Blick in das menschliche Gehirn bzw. das limbische System mit diversen Zentren einfügen.

---

[61] Subcortical d.h. außerhalb und unterhalb der Gehirnrinde
[62] Corticale Zentren d.h. Zentren der Hirnrinde
[63] Roth, G. (2007); Persönlichkeit, Entscheidung und Verhalten. S. 87.

Abbild: Menschliches Gehirn (Langschnitt entlang der Mittellinie); Limbisches System mit diversen Zentren.

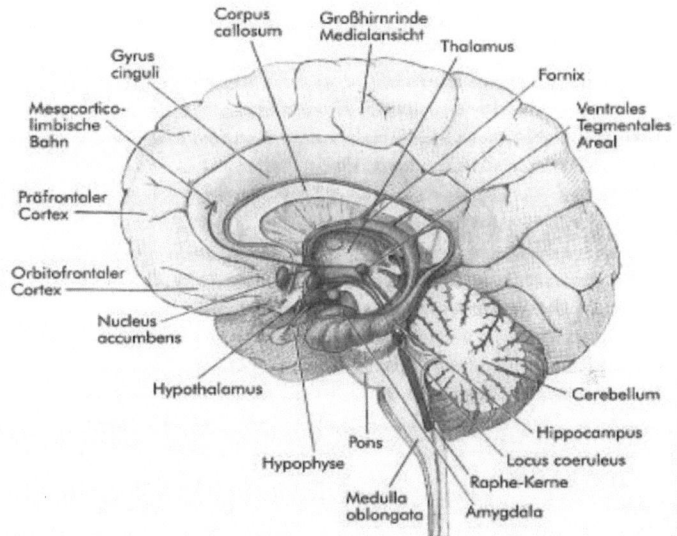

Quelle: Roth, G. (2007); Persönlichkeit, Entscheidung und Verhalten. S. 44.

Bei dem Abbild („Menschliches Gehirn" oben) handelt es sich um eine Mediansicht (Längsschnitt entlang der Mittellinie) des menschlichen Gehirns mit den wichtigsten limbischen Zentren.[64] Das limbische System schließt

---

[64] Limbisches System = Gruppe von Kernen, die bei der Entstehung von Gefühlen und Motivation mitwirken. Zu den Strukturen zählen Mandelkern, Hippocampus, benachbarte Großhirnrinde, Septumkerne und Teile des Thalamus sowie des Hypothalamus. (Thompson, R. (2001); Das Gehirn, S. 514)

Strukturen im Zentrum der medialen (zur Mitte hin gelegenen) Gehirnbereiche ein und erstreckt sich nach unten und zur Seite hin bis in die Schläfenlappen. Die limbischen Zentren sind Orte der Entstehung von bewussten Gefühlen (orbitofrontaler Cortex, Gyrus cinguli) und unbewussten positiven (Nucleus accumbens, Ventrales Tegmentales Areal) und negativen Gefühlen (Amygdala), der Gedächtnisorganisation (Hippocampus), der Aufmerksamkeits- und Bewusstseinssteuerung (Gyrus cinguli, basales Vorderhirn, Thalamus, Locus coeruleus, Raphe-Kerne) und der Kontrolle vegetativer Funktionen (Hypothalamus, Hypophyse).[65] Das Abbild („Menschliches Gehirn", oben) stellt das limbische System dar, in dem die Beziehungen zwischen Bewusstseinsvorgängen, Emotionen und Motivationen einerseits und der Tätigkeit der inneren Organe andererseits hergestellt werden. Um die Prozesse der Persönlichkeitsbildung, die Entstehung von Motivationen, Temperament, Gefühlen, Gedächtnis etc. zu verstehen, ist es notwendig sich mit Hypothalamus, Amygdala und Hippocampus zu beschäftigen.

---

[65] Roth, G. (2007); Persönlichkeit, Entscheidung und Verhalten. S. 44.

Der *Hypothalamus* besteht aus einer Gruppe von kleinen Kernregionen, die im Allgemeinen in der unteren Hälfte des Gehirns im Grenzbereich zwischen Mittelhirn und Thalamus[66] liegen. Die Kerne sind entlang der Basis des Gehirns (also über dem Dach der Mund- beziehungsweise der Nasenhöhle) aufgereiht und der Hirnanhangsdrüse (der Hypophyse) unmittelbar benachbart. Der Hypothalamus steht mit zahlreichen Gehirnregionen in Verbindung. Einige davon, darunter der limbische Cortex (jener Teil der Großhirnrinde, des sich in der Evolution zuerst entwickelt hat) – Teile des Riechsystems, der Hippocampus, die Area septalis, die Amygdala sowie der Hypothalamus selbst, werden von vielen Anatomen als Teile eines zusammenhängenden Netzwerks, des limbischen Systems, betrachtet.[67]

Der *Hypothalamus* übt eine strenge Kontrolle über zahlreiche Körperfunktionen aus und ist das wichtigste Kontrollzentrum für biologische Grundfunktionen wie Nah-

---

[66] Talamus ist die übergeordnete Schaltstation für die wichtigsten sensorischen Systeme, die zur Großhirnrinde ziehen: für das Seh-, das Hör- und das somatische System. (Thompson, R. (2001); Das Gehirn, S. 17)

[67] Thompson, R. (2001); Das Gehirn. S. 17.

rungs- und Flüssigkeitsaufnahme, Schlaf- und Wachzustand, Temperatur- und Kreislaufregulation, Angriffs- und Verteidigungsverhalten als auch Sexualverhalten. Deshalb ist er auch der Entstehungsort der damit verbundenen Trieb- und Affektzustände. In Entsprechung dieser lebens- und überlebenswichtigen Funktionen ist der Hypothalamus mit nahezu allen verhaltensrelevanten Teilen des übrigen Gehirns verbunden, besonders mit der Hypophyse, dem zentralen Höhlengrau im Mittelhirn und den vegetativen Zentren des Hirnstamms, die ihrerseits mit dem so genannten peripheren Nervensystem eng verknüpft sind. Hypophyse und peripheres Nervensystem wiederum innervieren und beeinflussen unsere Organe und deren Funktonen, und sie werden umgekehrt auch von ihnen beeinflusst. Vor allem auf diese Weise kommt die enge Verbindung von Körper und Gehirn zustande, die wir bei starken Affekten empfinden: Wir erleben große Furcht, das Herz schlägt uns ihm Halse und wir atmen schneller. Umgekehrt können ein krankhaftes schnelleres Schlagen des Herzen oder eine Atemnot in uns Angst und Panik erzeugen. Die Arbeitsweise der Hypophyse und des peripheren Nervensystems spielen bei Stress und Stressbewältigung eine wichtige Rolle.[68]

Die *Amygdala* ist für das unbewusste Entstehen von Emotionen verantwortlich. Die Amygdala befindet sich am inneren unteren Rand des Temporallappens. Sie nimmt bei Tieren und beim Menschen eine zentrale Rolle beim entstehen von überwiegend negativen oder stark bewegenden Emotionen und beim emotionalen Lernen ein. Sie wird deshalb als Zentrum der furcht- und angstgeleiteten Verhaltensbewertung angesehen. Verletzungen und Erkrankungen der Amygdala führen zum Fortfall der Furcht- oder Angstkomponenten von Geschehnissen, d.h. Menschen ohne Amygdala gehen offensichtlich Gefahrensituationen nicht aus dem Weg. Die Amygdala besteht aus vielen verschiedenen Teilen, zum Beispiel aus der „corticomedialen" Amygdala, die mit der Verarbeitung geruchlicher Informationen einschließlich sozial wirkender Gerüche zu tun hat, der „zentralen" Amygdala, die bei Affekten und Stress eng mit dem Hypothalamus zusammenarbeitet, und dem großen Komplex der „basolateralen"

---

[68] Roth, G. (2007); Persönlichkeit, Entscheidung und Verhalten. S. 46.

Amygdala, die mit komplexer emotionaler Konditionierung zu tun hat. Ein Gegenspieler der Amygdala, was Stress, Furcht und Angst betrifft, ist das „mesolimbische System". Das mesolimbische System hat drei Funktionen. Erstens stellt es das Belohnungssystem des Gehirns dar, denn hier werden Stoffe, die zu positiven Empfindungen bis hin zu Euphorie und Ekstase führen, besonders wirksam. Zweitens ist es das System, das positive Konsequenzen von Ereignissen oder unseren Handelns registriert und diese zur Grundlage der dritten Funktion macht, nämlich uns anzutreiben, zu motivieren, um das zu wiederholen, das zuvor zu einem positiven Zustand geführt hat. Dies geschieht über die Ausschüttung des Botenstoffs Dopamin. Hypothalamus, das zentrales Höhlengrau, Amygdala und das mesolimbische System sind die Hauptproduzenten von Affekten und negativen sowie positiven Gefühlen, von psychischen Antreibern, d.h. der Motivation. Diese entstehen unbewusst und wir erleben sie bewusst dadurch, dass diese Zentren Nervenzellfortsätze in die Großhirnrinde schicken und hierüber hinreichend erregen. Ähnlich wie Wahrnehmungen, die unbewusst bleiben, wenn sie die assoziativen Areale der Großhirnrinde nicht lange und intensiv genug erregen, können auch Gefühle unbewusst bleiben, wenn Hypothalamus, das zentrale Höhlengrau, Amygdala und das mesolimbische System die Großhirnrinde[69] nicht genügend aktivieren. Es gibt aber auch den Vorgang der Verdrängung, der dafür sorgt, dass bestimmte Affekte und Gefühle, vornehmlich negativ-traumatische, die in der Kindheit und Jugend bewusst erlebt wurden, unter normalen Umständen später

---

[69] Die Großhirnrinde (Cortex cerebri) hat sich in den vergangenen drei Millionen Jahren unglaublich entwickelt und macht den Menschen zu dem, was er ist. Die Großhirnrinde beim Menschen umfasst auseinander gefaltet etwa einen Viertel Quadratmeter. Darin sind rund 15 Milliarden Nervenzellen, überwiegend so genannte Pyramidenzellen untergebracht. Diese sind über eine halbe Trillion Kantaktpunkte (Synapsen) miteinander verbunden. Das ganze bildet ein Netzwerk von ungeheurer Komplexität, weit komplexer, als wir uns das vorstellen können. Man kann ausrechnen, wie viel unterschiedliche Zustände dieses Netzwerk annehmen kann, und kommt auf eine Zahl von Zehn hoch Hundertfünfzig (zur Veranschaulichung: Die Anzahl von Elementarteilchen im Weltall wird auf Zehn hoch Achtzig geschätzt. Dieses Gesamtnetzwerk ist allerdings in zahllose Unternetzwerke eingeteilt, die jeweils bestimmte Eingänge und Ausgänge haben und untereinander in ganz bestimmter Weise verknüpft sind (in Roth, G. S. 28). In diesem großen Gehirnbereich verbirgt sich ein entscheidender Teil des Geheimnisses unseres Bewusstseins. Weiterhin verbergen sich hier unsere überragenden Sinnesleistungen und Empfindsamkeit für die uns umgebende Umwelt, unsere motorische Fähigkeiten, unser Denk- und Vorstellungsvermögen sowie insbesondere unsere einzigartigen sprachlichen Fähigkeiten. (Thompson, R. (2001); Das Gehirn. S. 20)

nicht wieder ins Bewusstsein dringen, sondern aus ihm ferngehalten werden.[70]

Der *Hippocampus* ist ein wichtiger Träger des Vorbewussten. Er ist der „Organisator" des bewusstseinsfähigen und sprachlich formulierbaren deklarativen Gedächtnisses. Er legt fest welche bewusst erfahrenen Ereignisse in welcher Weise in welche der vielen Schubladen dieses Gedächtnisses abgelegt werden. Dies bestimmt die Möglichkeit des Abrufs und damit des Bewusstwerdens der Ereignisse. Kern des deklarativen Gedächtnisses ist unser Erlebnisgedächtnis, das alles enthält, was mit uns mit den uns nahe stehenden Personen und in unserer Lebenswelt passiert ist. Somit formt es unser autobiographisches Gedächtnis. Aus dem Erlebnisgedächtnis entsteht meist durch eine Art Datenkompression das, was wir Wissensgedächtnis nennen und Fakten ohne den Erlebniskontext enthält. Hingegen ist das Aneignen von Wissen ohne vorherige Anbindung an das Erlebnisgedächtnis schwer. Der Hippocampus ist zwar der Organisator, aber nicht selbst der Ort des deklarativen Gedächtnisses, das ist die Großhirnrinde.

---

[70] Roth, G. (2007); Persönlichkeit, Entscheidung und Verhalten. S. 46.

Dabei gilt, dass das visuelle Gedächtnis in denjenigen Orten der Hirnrinde lokalisiert ist, in denen auch visuelle Informationen verarbeitet werden (d.h. im Hinterhauptscortex), das auditorische Gedächtnis im auditorischen (temporalen) Cortex usw. Der Hippocampus arbeitet völlig unbewusst und dies erleben wir täglich anhand der bedauernswerten Tatsache, dass wir keinen willentlichen Einfluss auf das Erlernen und Erinnern von Gedächtnisinhalten haben. Der Hippocampus ist ein wichtiges Tor zum Bewusstsein. Eng verbunden mit dem Hippocampus, der Amygdala, dem Hypothalamus, dem mesolimbischen System und dem gesamten Cortex existiert ein relativ kleines, aber ebenfalls wichtiges Gebiet, die septale Region, die zusammen mit benachbarten Strukturen des basalen Vorderhirns gebildet wird (siehe Abbild „Menschliches Gehirn", oben). Es hat ebenfalls effektiv-vegetative Funktionen, z.B. im Bereich der Fortpflanzung und der Nahrungsaufnahme. In enger Zusammenarbeit mit dem Hippocampus und der Großhirnrinde übt es kognitive und motivationale Funktionen im Zusammenhang mit Lernen, Aufmerksamkeitssteuerung und Gedächtnisbildung aus.[71]

---

[71] Roth,G. (2007); Persönlichkeit, Entscheidung und Verhalten. S. 46ff.

Die menschliche Gehirnrinde ist ein Teil des Gehirns. Sie ist nur wenige Millimeter dick, jedoch durch zahlreiche Falten und Windungen gewinnt sie eine große Gesamtfläche. Mit Hilfe der Gehirnrinde können wir – Erinnerungen bewusst abrufen, Strategien entwickeln, mathematische Berechnungen ausführen und sämtliche Denkprozesse gestalten. Sie koordiniert die Eindrücke der Sinnesorgane, programmiert Muskelbewegungen, steuert die Funktionen der inneren Organe und beteiligt sich an der Verarbeitung emotionaler Ereignisse. Die Hirnrinde ist in Spezialgebiete unterteilt (siehe Bild „Areale und Funktionen der Hirnrinde", unten), in eine Region für Sehen und Erkennen, eine Region für Hören und Verstehen, eine Region für Registrieren der Tastsinne, eine Region für Muskelbewegungen, eine Region für Erinnern/Denken/Planen, eine Region für Sprechen etc..[72]

[72] Herschkowitz, N. (2002); Das vernetzte Gehirn. S. 18.

Abbild: Areale und Funktionen der Hirnrinde

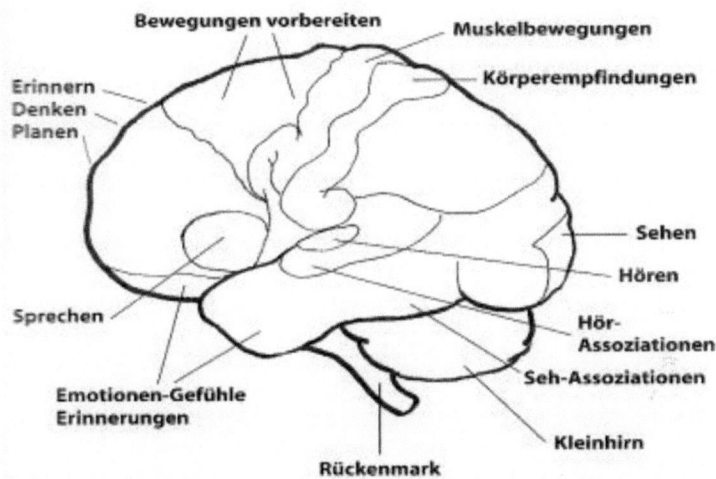

Quelle: Herschkowitz, N. (2002); Das vernetzte Gehirn.

J. Wo ist unsere Persönlichkeit verankert?

Hirnforscher und Persönlichkeitspsychologen gehen davon aus, dass unsere Persönlichkeit im Gehirn verankert ist. So wie die Prozesse der Gehirnentwicklung während des ganzen Lebens stattfinden, so entfaltet sich auch während des ganzen Lebens die menschliche Persönlichkeit. Um diese Prozess sich besser zu visualisieren bedienen wir uns an dieser Stelle eines Modells „Vier-Ebenen-Modell der Persönlichkeit", dass uns genau erklärt, wo sich im Gehirn unsere Persönlichkeit befindet bzw. wie sich das Gehirn von der Geburt an entwickelt und wo sich mit ihm unsere Persönlichkeit entwickelt.

Abbild: Vier-Ebenen-Modell der Persönlichkeit

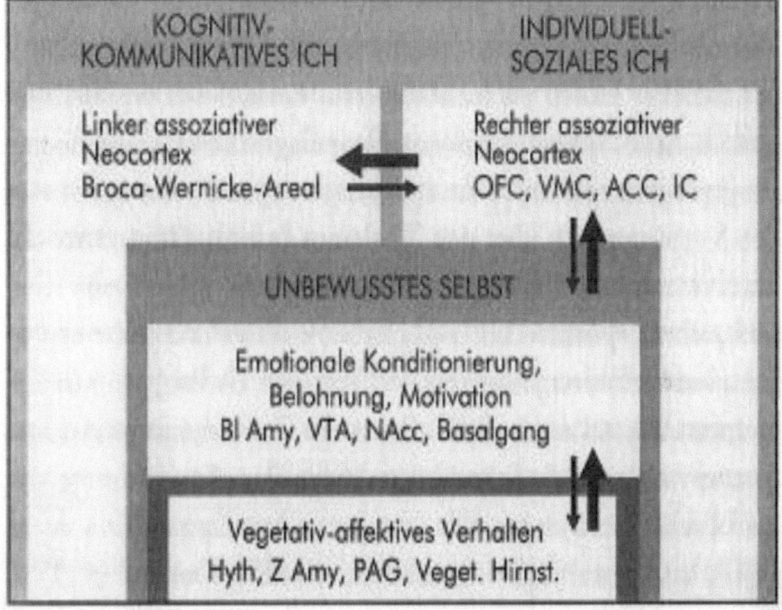

Quelle: Roth, G. (2007); Persönlichkeit, Entscheidung und Verhalten. S. 91.

Bevor die Funktionen der einzelnen Ebenen erklärt werden, bietet es sich an, das Modell mit den beinhalteten Abkürzungen näher anzusehen. Die untere limbische Ebene des vegetativ-affektiven Verhaltens und die mittlere limbische Ebene der emotionalen Konditionierung, Bewertung und Motivation bilden zusammen das „unbewusste Selbst". Auf bewusster Ebene bildet die obere limbische Ebene in der rechten Hemisphäre das „individuell-soziale Ich", dem das „kognitiv-kommunikative ich" in der linken Hemisphäre gegenübergestellt wird. Die Dicke der Pfeile gibt die Stärke der Beeinflussung der Ebenen untereinander an.

Abkürzungen: ACC = Anteriorer cingulärer Cortex; Basalgang = Badalganglien; BL Amy = Basolaterale Amygdala; Hyth = Hypothalamus; IC = Insulärer Cortex; Nacc = Nucleus accumbens; PAG = Zentrales Hählengrau; OFC = Orbitofrantaler Cortex; Veget. Hirnst. = Vegetative Hirnstammzentren; VMC = Ventromedialer (präfrontaler) Cortex; VTA = ventrales tegmentales Areal; Z Amy = Zentrale Amygdala.[73]

Vegetativ-affektive Ebene

Die vegetativ-affektive Ebene entsteht von allen vier Ebenen am frühesten und sie entwickelt sich ab der 7. Schwangerschaftswoche. Sie wird von der limbischen Grundachse des Gehirns repräsentiert. Diese wird vor-

---

[73] Roth, G. (2007); Persönlichkeit, Entscheidung und Verhalten, S. 91.

nehmlich vom Hypothalamus einschließlich der präoptischen Region und der Hirnanhangsdrüse (Hypophyse), der zentralen Amygdala, Teilen des basalen Vorderhirns (bzw. der septalen Region), dem zentralen Höhlengrau und den vegetativen Zentren des Hirnstamms gebildet.

Die Vorgänge auf dieser Ebene sichern unsere biologische Existenz über die Kontrolle des Stoffwechselhaushalts, des Kreislaufs-, Temperatur-, Verdauungs- und Hormonsystems, der Nahrungs- und Flüssigkeitsaufnahme, des Wachens und Schlafens und der damit verbundenen Bewusstheitszustände. Ebenso werden durch diese Ebene unsere spontanen affektiven Verhaltensweisen und Empfindungen wie Angriffs- und Verteidigungsverhalten, Dominanz- und Paarungsverhalten, Flucht und Erstarren, Aggressivität, Wut usw. gesteuert. Die genannten Zentren machen in ihrer individuellen genetischen Ausformung das Temperament eines Menschen und seine grundlegende Triebstruktur aus.[74]

---

[74] Roth, G. (2007); Persönlichkeit, Entscheidung und Verhalten, S. 90.

Ebene der emotionalen Konditionierung

Die Ebene der emotionalen Konditionierung ist die zweite Ebene, die sich über der vegetativ-affektiven Ebene befindet. Diese zweite Ebene repräsentiert zusammen mit der ersten Ebene die unbewusste Grundlage der Persönlichkeit und des Selbst d.h. der Grundweisen der Interaktion mit uns selbst und unserer unmittelbaren, persönlichen Umwelt. Diese Ebene bleibt ein Leben lang egoistisch-egozentrisch und stellt immer die Frage „Was habe ich davon?" Sie ist das Kleinkind in uns.

An dieser Ebene sind vornehmlich die Amygdala und das mesolimbische System[75] beteiligt. Die Amygdala, insbesondere der basolaterale Kernbereich, ist mit der erfahrungsabhängigen Verknüpfung negativer oder neuartiger Ereignisse mit Gefühlen der Furcht, Angst und Überraschung befasst. Hier lernen wir meist unbewusst, wovor wir uns fürchten und in Acht nehmen müssen. Grundlage dieses Konditionierungsvorgangs ist einerseits die Tatsache, dass die Amygdala von den Sinnesorganen über den Thalamus Informationen über die Umwelt und den Körper

---

[75] Mesolimbische System = auch als „positives Belohnungssystem" bezeichnet

erhält und diese nach „gut" und „schlecht", „positiv" und „negativ" bewertet und mit entsprechenden Gefühlen fest verbindet.[76]

Ebene individuell-soziales ich

Die dritte Ebene „individuell-soziales ich" umfasst die limbischen Areale der Großhirnrinde. Hierzu gehören die stammesgeschichtlich älteren limbischen Anteile der Großhirnrinde, nämlich der orbitofrontale, ventromediale, anteriore cinguläre und der insuläre Cortex (siehe Abbild „Anatomisch–funktionelle Gliederung der Hirnrinde", unten).[77] In diesen Arealen treffen Faserbahnen aus allen limbischen Zentren außerhalb der Großhirnrinde zusammen, insbesondere aus der Amygdala und dem mesolimbischen System, und die hierüber weitergeleiteten Informationen können somit bewusst werden. Umgekehrt ziehen sich massive Faserbahnen von hier aus zu diesen subcorticalen limbischen Zentren zurück, die überwiegend hemmende und zügelnde Funktionen haben. Bei

---

[76] Roth, G. (2007); Persönlichkeit, Entscheidung und Verhalten. S. 91.
[77] Orbitofrontaler cortex = der präfrontale Cortex, insuläre Cortex = die Inselrinde

den Funktionen des limbischen Cortex geht es generell um soziales Lernen, Sozialverhalten, Einschätzung der Konsequenzen eigenen Verhaltens, ethische Überlegungen (orbitofrontaler und ventromedialer Cortex), um Aufmerksamkeitssteuerung, divergentes Denken, Risikoabschätzung, Belohnungserwartung (anteriorer cingulärer Cortex), um affektive Schmerz- und Verlustbewertung (unsulärer Cortex) und allgemein um das bewusste Gefühlsleben (siehe Abbild „Anatomisch–funktionelle Gliederung der Hirnrinde", unten). Die limbischen Cortexareale, besonders die rechtshemisphärischen, sind auch der Ort der emotionalen Gesichtererkennung und in diesem Zusammenhang die Grundlage von Empathie. Nach Ansicht einiger Hirnforscher werden positive Gefühle überwiegend in der linken, negative Gefühle vermehrt in der rechten Hemisphäre verarbeitet.[78]

---

[78] Roth, G. (2007); Persönlichkeit, Entscheidung und Verhalten. S. 92f.

Abbild: Anatomisch–funktionelle Gliederung der Hirnrinde
Abkürzungen: ACC anteriorer cingulärer Cortex (Gyrus cinguli); CMAc caudales cinguläres motorisches Areal; CMAr rostrales cinguläres motorische Areal; ITC inferotemporaler Cortex; MC motorischer Cortex; OC occipitaler Cortex; OFC orbitofrontaler Cortex; prae-SMA praesupplementär-motorisches Areal; PFC präfrontaler Cortex; PPC posteriorer parietaler Cortex; SMA supplementär-motorisches Areal; SSC somatosensorischer Cortex; VMC ventromedialer (präfrontaler) Cortex.

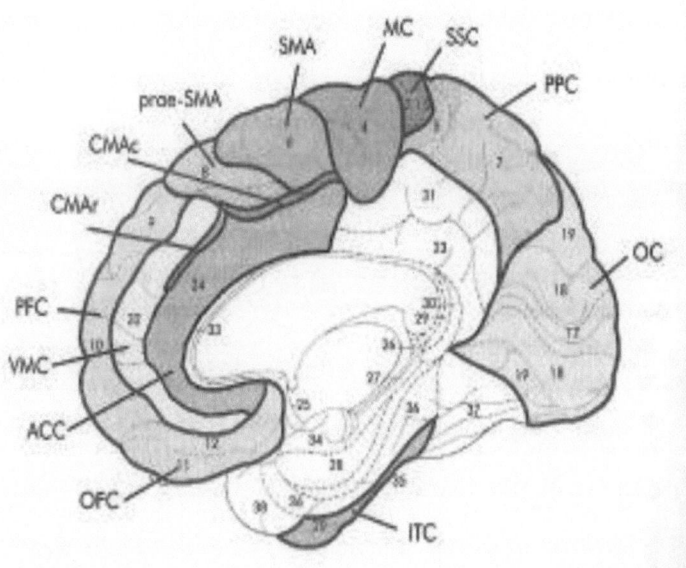

Quelle: Roth, G. (2007); Persönlichkeit, Entscheidung und Verhalten. S. 41.

Die dritte limbische Ebene entsteht sehr spät und ihre Entwicklung zieht sich von der Kindheit bis ins Erwachsenenalter hin. Sie ist die Grundlage unserer bewussten individuellen und sozial vermittelten „Ich-Existenz". Diese Ebene ist auch der entscheidende Ort der Erziehung. Auf dieser Ebene lernen wir, uns den Bedingungen der natürlichen und gesellschaftlichen Umwelt anzupassen. Wir lernen, dass kurzfristige Belohnungen nicht immer auch langfristig positiv sind, dass Anstrengungen, Opfer und Durststrecken sich manchmal auszahlen, dass Kompromisse geschlossen und Rangfolgen von Handlungszielen erarbeitet werden müssen.[79]

Kognitiv-kommunikative Ebene

Die vierte Ebene ist die Kognitiv-kommunikative Ebene und entsteht in den späten Phasen der vorgeburtlichen Entwicklung und entwickelt sich bis weit in das Jugendalter und bis in das Erwachsenenalter hinein. Sie umfasst den präfrontalen Cortex als Sitz des Arbeitsgedächtnisses, des Verstandes und der Intelligenz. Ebenso gehören zu

---

[79] Roth,G. (2007); Persönlichkeit, Entscheidung und Verhalten. S. 93f.

dieser Ebene die Sprachzentren, nämlich das Wernicke-Areal im linken oberen Temporallappen und das Broca-Area im linken mittleren Frontallappen. Das Wernicke-Areal ist für einfache Wortbedeutungen, einfache Sätze und Satzstrukturen zuständig. Das Broca-Areal ist für alle Wort- und Satzbedeutungen, die sich aus Grammatik und Satzstellung ergeben, zuständig. Das Wernicke-Areal beginnt schon im ersten Jahr nach der Geburt seine Arbeit und ermöglicht es dem Kind bald, einfache Sätze ohne Grammatik und Satzstellung zu äußern.

In dieser Ebene bzw. in der linken Hemisphäre sind auch alle Areale der Großhirnrinde angesiedelt, die das verstandesgeleitete Umgehen mit sich selbst und der Umwelt betreffen. Es handelt sich um die Fähigkeit zum Problemlösen, zum Erkennen von Symbolen einschließlich der Schriftzeichen, zum logischen Denken sowie zu Geometrie und Mathematik. Die kognitiv-kommunikative Ebene ist am weitesten von der Persönlichkeit entfernt, den Reden ist etwas anderes als Fühlen und Handeln.[80]

---

[80] Roth,G. (2007); Persönlichkeit, Entscheidung und Verhalten. S. 93f.

Diese vier Ebenen entstehen während der Entwicklung des Gehirns teils parallel, teils nacheinander. Zuerst entsteht die untere limbische Ebene mit dem Hypothalamus, dem zentralen Höhlengrau, den vegetativen Zentren des Hirnstamms und der zentralen Amygdala.[81] Im Folgenden wird vorgestellt, welche Faktoren unsere Persönlichkeit beeinflussen.

K. Wer und was formt unsere Persönlichkeit?

Die Psychologen und die Persönlichkeitsforscher gehen davon aus, dass unsere Persönlichkeit durch vier Einflusskräfte bestimmt wird.

Die erste sind *genetische Prädispositionen*. Hier handelt es sich teils um Gene und Gen-Komponenten, die innerhalb des Normalbereichs unterschiedlich ausfallen, teils um solche, die für ein Verhalten verantwortlich sind, das als abweichend oder als abnorm angesehen wird. Diese genetischen Faktoren unterscheiden sich in ihrer individuel-

---

[81] Roth, G. (2007); Persönlichkeit, Entscheidung und Verhalten. S. 94f.

len Zusammensetzung und weichen insbesondere in Details voneinander ab (so genannte Gen-Polymorphismen). Die neuere Forschung hat gezeigt, dass diese Polymorphismen um vieles zahlreicher sind, als man bisher geglaubt hat. Menschen sind also von ihrem Erbgut her gesehen viel unterschiedlicher, als gedacht. Zudem hängt die Wirkung der Gene sehr stark von so genannten epigenetischen Prozessen ab. Das Erbgut (das Genom) bleibt zwar in einem Individuum gleich, aber die einzelnen Gene müssen von Prozessen innerhalb der Zelle, aber außerhalb des Genoms aktiviert und abgelesen werden, um überhaupt wirksam zu werden. Diese Aktivierungsprozesse bestimmen dann den Zeitpunk, den Ort und die Dauer der Wirkung bestimmter Gene, und sie können selbstverständlich von Umwelteinflüssen verändert werden.

Die zweite Einflusskraft sind *Eigentümlichkeiten der Hirnentwicklung*, d.h. der Art, in der sich die für das Psychische zuständigen Hirngebiete aufbilden bzw. fehlentwickeln. Häufig sind das Fehlentwicklungen der Großhirnrinde, insbesondere des Frontalhirns, oder des Hippocampus, seltener Defizite im Wachstum der anderen subcorticalen limbischen Zentren, zumal diese sehr schwere

Beeinträchtigungen mit sich bringen würden. Zu den entwicklungsbedingten Faktoren gehört auch die Stärke der Bahnen zwischen den limbischen Zentren untereinander, z.B. zwischen Frontalhirn und Amygdala oder zwischen limbischen und kognitiven Zentren, die neuronale Verknüpfung innerhalb der einzelnen limbischen Zentren, sofern diese nicht erfahrungsbedingt geschehen ist, und schließlich die Ausbildung der neuromodulatorischen Systeme. Die beiden Einflusskräfte Gene und Hirnentwicklung legen nach groben Schätzungen etwa 50 Prozent unserer Persönlichkeit fest (sie variieren je nach Merkmal zwischen 20 und 80 Prozent). Insbesondere bestimmen sie das Temperament einer Person sowie seine spezifischen Begabungen und seinen Intelligenzgrad.

Eine dritte Einflusskraft sind *die vorgeburtlichen und frühen nachgeburtlichen affektiv-emotionalen Erlebnisse.* Die vorgeburtlichen Erlebnisse üben direkt oder über den Körper und das Gehirn der Mutter einen Einfluss auf das limbische System des Ungeborenen aus. Das gilt insbesondere für Erlebnisse, die starke Stress-Zustände hervorrufen, etwa im Zusammenhang mit Alkohol-, Nikotin- und Drogenmissbrauch der Mutter, mit schweren körperlichen Misshandlungen oder schweren psychischen Belastungen. Von besonderer Bedeutung sind hier die Bindungserfahrung zwischen Säugling bzw. Kleinkind und Mutter (oder einer anderen primären Bezugsperson) und die ersten Erfahrungen mit dem sonstigen engeren sozialen Umfeld (Vater, Geschwister, Großeltern usw.). Der Säugling und das Kleinkind müssen die schwierige Balance zwischen Unabhängigkeit und Aufgehen im Anderen, zwischen Trennung und Eins-Sein bewältigen. Fehlentwicklungen münden entweder im Narzissmus, d.h. einer krankhaften Übersteigerung des Ich, die in Selbstüberschätzung, ständiger Sucht nach Wunschbefriedigung bis hin zum Größenwahn enden kann, oder in einer Verkümmerung des Ich, die in einem völligen Rückzug, in Hilflosigkeit und Abhängigkeit von den Anderen einmündet. Diese prägenden Einflüsse der ersten Lebensjahre machen rund 30 Prozent unserer Persönlichkeit aus.

Die vierte Einflusskraft sind *die sozialisierenden Vorgänge im späteren Kindesalter und in der Jugend* über Verwandte, Freunde, Schulkameraden, Lehrer und Kollegen. Hier lernen wir dasjenige zu tun, was wir im sozialen Kontext für richtig halten bzw. halten sollen. Unsere be-

wusste Persönlichkeit ist immer eine soziale bzw. soziali-
sierte Persönlichkeit. Diese entwickelt sich vornehmlich
im späteren Kindesalter, während der Pubertät und in
den frühen Erwachsenenjahren teils im Rahmen der Vor-
gaben der zuvor genannten Faktoren, teils übernimmt sie
Korrektur- und Zügelungsfunktionen und mildert die ego-
istischen Triebe der subcortical limbischen Zentren ab. Es
wird allgemein angenommen, dass diese Art von Sozialisation weniger stark ist und ungefähr 20 Prozent unserer
Persönlichkeit ausmacht. Dies vollzieht sich im Wesentlichen in dem Rahmen, den die ersten drei Einflusskräfte
vorgeben.

Die Persönlichkeit eines Menschen ergibt sich aus der
Wechselwirkung der vier beschriebenen Faktoren: von
den Einflüssen der Gene, der Gehirnentwicklung, der frühen Bindungserfahrung und der frühen Sozialisation. Diese Faktoren durchdringen sich gegenseitig und sind, wenn
überhaupt, nur mit einem erheblichen methodischen
Aufwand voneinander zu trennen. Ihre Wechselwirkung
ist allerdings auf den einzelnen Ebenen höchst individuell:
Wir sind genetisch und entwicklungsbedingt, in unserer
frühkindlichen Prägung und unserer Sozialisierung einma-

lig. Bemerkenswert ist die geringe Rolle, welche unsere kognitiv-intellektuellen Fähigkeiten hierbei spielen. Wir können eine klare und vernünftige Einsicht in bestimmte Sachverhalte haben und uns dennoch unter dem Einfluss der drei limbischen Ebenen ganz anders verhalten.[82]

Die moderne Hirnforschung behauptet, dass alles was wir sind und tun, untrennbar mit den Strukturen und Funktionen unseres Gehirns zu tun hat. Das menschliche Gehirn ist so weit erforscht, dass die Wissenschaftler die Behauptung aufstellen können, dass das menschliche Gehirn leistungsfähiger als der modernste Computer ist. Das menschliche Gehirn ist das kompliziertestes System im Universum, weshalb man es sogar dem Geist gleich setzt. Dabei bleibt das Verhältnis von Geist und Gehirn (wer steuert wen und wie?) nach wie vor ungeklärt. Die unergründete Tiefe unseres Gehirns können wir nur in dem Wesen Gottes suchen – sein Wesen und seine Größe können wir teilweise aus den folgenden Zeilen erahnen:

---

[82]Roth, G. (2007); Persönlichkeit, Entscheidung und Verhalten. S. 100ff.

„Wer misst die Wasser mit der hohlen Hand, und wer bestimmt des Himmels Weite mit der Spanne und fasst den Staub der Erde mit dem Maß und wiegt die Berge mit einem Gewicht und die Hügel mit einer Waage? Wer bestimmt den Geist des Herren, und welcher Ratgeber unterweist ihn? Wen fragt er um Rat, der ihm Einsicht gebe und lehre ihn den Weg des Rechts und lehre ihn Erkenntnis und weise ihm den Weg des Verstandes? Siehe die Völker sind geachtet wie ein Tropfen am Eimer und wie ein Sandkorn auf der Waage. Siehe, die Inseln sind wie ein Stäublein. Der Libanon wäre zu wenig zum Feuer und seine Tiere zu wenig zum Brandopfer. Alle Völker sind vor ihm wie nichts und gelten ihm als nichtig und eitel." (Jesaja 40; 12-18)

Ein weiteres komplexes Phänomen ist das Bewusstsein, das als Garant für all die wertvollen Eigenschaften gilt, die wir für typisch menschlich halten. Das Thema Bewusstsein wird rund um den Globus diskutiert und ist und wird wohl das höchste Geheimnis bleiben. Nichtsdestotrotz möchte ich in den nächsten Kapiteln einen Einblick in die neuesten wissenschaftlichen Erkenntnisse über die Strukturen und die Funktionsweisen und wo sie in unserem Gehirn angesiedelt sind, diskutieren. Zu nächst jedoch machen wir einen Exkurs zum Thema „Gefühle".

L. Was sind Gefühle und wo haben sie im Gehirn ihren Sitz?

Gefühle im weiteren Sinne umfassen zum einen körperliche Bedürfnisse wie Müdigkeit, Durst, Hunger, Geschlechtstrieb und den Drang nach dem Zusammensein mit anderen Menschen. Diese Bedürfnisse gehören zu unserer Grundausstattung, und wir können gegen sie entweder überhaupt nichts oder nur in sehr begrenztem Maße etwas tun. Ihre Befriedigung erzeugt Lust und Wohlbefinden, die allerdings nicht lange anhalten. Zum anderen gehören hierzu die Affekte wie Wut, Zorn, Hass, Panik und Aggressivität, die uns mitreißen. Diese müssen wir genauso wenig lernen wie die körperlichen Bedürfnisse, und sie sind ebenso schwer zu kontrollieren. Auch sie sind mit einer merkwürdigen Lust verbunden, insbesondere im Zusammenhang mit Zerstörung und körperlicher Gewalt. Von diesen grundlegenden körperlichen Bedürfnissen und Affekten sind Emotionen oder Gefühle im engeren sinne wie Furcht, Angst, Freude, Glück, Verachtung, Ekel, Neugierde, Hoffnung, Enttäuschung, Erwartung, Hochgefühl und Niedergeschlagenheit zu unterscheiden – diese sind nach Aussage von Psychologen unsere Grundgefühle, die sich unendlich mischen können und unsere Gefühlswelt ausmachen. Soweit wir wissen, sind zumindest diese Grundgefühle angeboren und alle Menschen in der Welt haben solche Grundgefühle. Zwischen Affekten und Emotionen gibt es einen wichtigen Unterschied. Während die Affekte meist durch bestimmte Anlässe oder Standardsituationen vorgegeben sind und dann losbrechen, ordnen sich die Gefühle bestimmten Geschehnissen in uns und in der Welt in sehr variabler Weise zu. Starke Bedrohung führt zu Aggression oder Panik, eine tief enttäuschte Liebe zu Hass, starker Stress oder Frust zu Wut und Zorn. Was mir im einzelnen Freude und Glück bereitet, kann so unterschiedlich sein, wie die individuellen Lebensverhältnisse. Dies gilt für Ekel, Hoffnung und Verachtung genauso. Was der eine mit Hochgenuss tut oder verspeist, mag den anderen ekeln, des einen Freude ist möglicherweise des anderen Schmerz, des einen Hoffnung des anderen Enttäuschung. Natürlich gibt es einige wenige Dinge, die nahezu allen Menschen Freude und Glück oder Furcht und Angst bereiten. Der Grund dafür liegt im Prozess der emotionalen Konditionierung. Wir tun oder erleben etwas, und dies hat für uns entweder positive, negative oder neutrale Konsequenzen. Diese unterschiedlichen Konsequenzen werden von unserem Gehirn bewusst oder unbewusst registriert und fest verbunden mit den Ereignissen oder Handlungen in unserem Erfahrungsgedächtnis abgespeichert. Dieser Prozess beginnt schon vor der Geburt und setzt sich das ganze Leben hindurch fort. Wann immer wir in eine Situation kommen, die das Gehirn als bekannt oder zumindest als ähnlich einstuft, werden bestimmte Gefühle aufgerufen, die uns als eine Art von Kurzbotschaften des Erfahrungsgedächtnisses raten, was wir zu tun und zu lassen bzw. wovor wir uns in Acht zu nehmen haben. Lernen in Form von emotionaler Konditionierung gehört zu unserem täglichen Leben. Viele Dinge und Geschehnisse sind nicht unter allen Umständen und für alle Personen gleichermaßen positiv oder negativ. Diese müssen wir durch individuelle lust- oder leidvolle Erfahrungen herausfinden. Emotionale Konditionierungen bilden sich meist nicht aufgrund eines einmaligen Erlebnisses aus. Bestimmte negative oder positive Erfahrungen müssen wiederholt gemacht werden, um sich fest in unserem emotionalen Erfahrungsgedächtnis zu verankern. Allerdings geht diese Verankerung umso schneller vor sich, je stärker die emotionalen Begleitzustände oder Folgen von Ereignissen waren. Passiert etwas, das große Freude, große Lust, starken Schmerz oder große Furcht in uns auslöst, dann kann sich diese Kopplung schon beim ersten Mal unauslöschlich in uns einprägen.[83] Im Folgenden werden wir gelehrt zu leben in positiven Gefühlen und in Liebe aus der Kraft des Geistes:

„Gott hat euch zur Freiheit berufen, meine Brüder und Schwestern! Aber missbraucht eure Freiheit nicht als Freibrief zur Befriedigung eurer selbstsüchtigen Wünsche, sondern dient einander in Liebe. Das ganze Gesetz ist erfüllt, wenn dieses eine Gebot befolgt wird: „Liebe deinen Mitmenschen wie dich selbst." Wenn ihr einander wie wilde Tiere kratzt

---

[83] Roth, G. (2007); Persönlichkeit, Entscheidung und Verhalten. S. 144f.

und beißt, dann passt nur auf, dass ihr euch nicht gegenseitig verschlingt!

Ich will damit sagen: Lebt aus der Kraft, die der Geist Gottes gibt; dann müsst ihr nicht euren selbstsüchtigen Wünschen folgen. Die menschliche Selbstsucht kämpft gegen den Geist Gottes und der Geist Gottes gegen die menschliche Selbstsucht: Die beiden liegen im Streit miteinander, sodass ihr von euch auch das Gute nicht tun könnt, das ihr doch eigentlich wollt. Wenn ihr euch aber vom Geist Gottes führen lasst, dann steht ihr nicht mehr unter dem Gesetz, das euch diesem Widerspruch ausliefert.

Was die menschliche Selbstsucht hervorbringt, ist offenkundig, nämlich: Unzucht, Verdorbenheit und Ausschweifung, Götzenanbetung und magische Praktiken, Feindschaft, Streit und Rivalität, Wutausbrüche, Intrigen, Uneinigkeit und Spaltungen, Neid, Trunk- und Fresssucht und noch vieles dergleichen. Ich warne euch, wie ich es schon früher getan habe: Menschen, die solche Dinge tun, werden nicht erben, was Gott versprochen hat; für sie ist kein Platz in Gottes neuer Welt.

Der Geist Gottes dagegen lässt als Frucht eine Fülle von Gutem wachsen, nämlich: Liebe, Freude und Frieden, Geduld, Freundlichkeit und Güte, Treue, Bescheidenheit und Selbstbeherrschung. "

(Galater 5; 13-23)

M. Wo entstehen menschliche Gefühle?

Die Gefühle scheinen nichts mit unserem Gehirn zu tun zu haben, sondern mit unserem Körper, z.B. wenn uns das Herz vor Freude hüpft, wir vor einer unangenehmen Situation Magendrücken haben, uns die Hände und Knie vor Angst zittern oder uns vor Wut der Kragen platzt. Wenn wir starke Gefühle haben, dann ist es schwer diese körperlichen Zustände zu verbergen. Natürlich können wir durch langes Training halbwegs einen Zustand des „sich beherrschen" erreichen, aber ganz wird uns dies wohl nicht gelingen. Vielmehr ist es so, dass mit den verminderten körperlichen Reaktionen auch die Gefühle schwinden. Der enge Zusammenhang zwischen Affekten bzw.

Gefühlen und körperlichen Zuständen ist leicht einzusehen. Affekte und Gefühle sollen uns zu einem bestimmten Verhalten veranlassen, und zwar umso mehr, je stärker sie sind. Wir sollen von unserem Erfahrungsgedächtnis gezwungen werden, etwas Bestimmtes zu tun oder zu lassen, zu kämpfen oder zu fliehen, Dinge anzupacken oder sie möglichst zu meiden. Aus diesen Gründen werden die Gefühle meist im Herzen oder im Bauch angesiedelt, denn dort ist bei Affekten und starken Gefühlen am meisten los. Diese Annahme ist jedoch ein Irrtum, denn bei diesen Vorgängen werden wir von unserem Gehirn fundamental getäuscht. Gefühle entstehen ausschließlich im Gehirn, erst unbewusst in Zentren des limbischen Systems. Sie werden uns dann bewusst, wenn Signale von diesen limbischen Zentren in die Großhirnrinde dringen. Die Großhirnrinde ist der Sitz des Bewusstseins. Alles was nicht in der Großhirnrinde geschieht, ist unbewusst. Allerdings projiziert das Gehirn die Empfindungen in den Körper zurück. Wir erleben dann unangenehme Gefühle im Bauch, aber dies geschieht im Gehirn im Körperschema des Bauches, nicht im richtigen Körper selbst. Es ist der vom Gehirn konstruierte und im Gehirn befindliche

Körper, der weh tut – Schmerz ist immer ein Gehirnkonstrukt![84]

Die Amygdala und das mesolimbische System sind die Hauptorte der unbewussten emotionalen Konditionierung (siehe Abbild: Menschliches Gehirn (Langschnitt entlang der Mittellinie). Beide erhalten auf kurzem Wege Mitteilungen von den Sinnesorganen und den ihnen nachgeschalteten Verarbeitungszentren im Mittel- und Zwischenhirn (siehe Abbild: Längsschnitt durch das menschliche Gehirn).

[84] Roth, G. (2007); Persönlichkeit, Entscheidung und Verhalten, S. 144f.

Abbild: Längsschnitt durch das menschliche Gehirn.

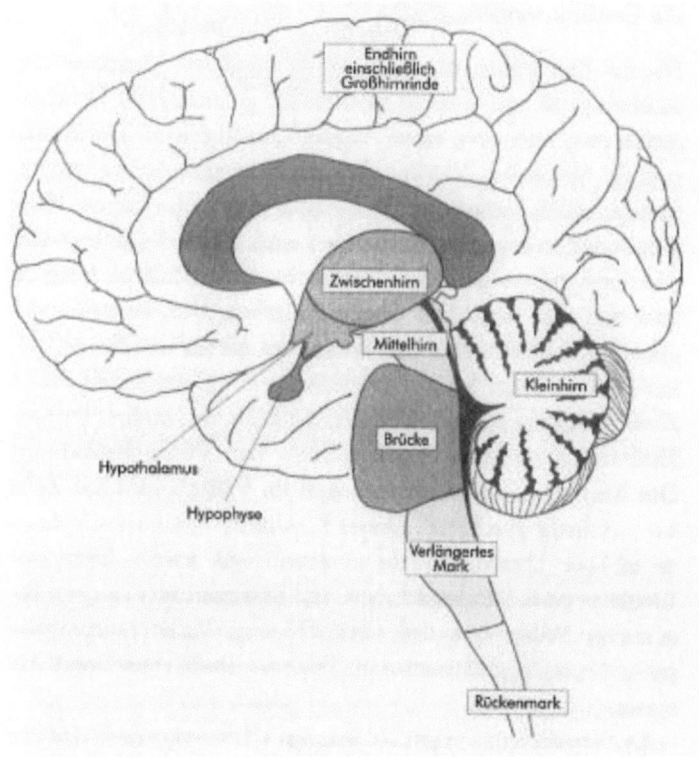

Quelle: Roth, G. Persönlichkeit, Entscheidung und Verhalten. S. 37.

Abbild: Das menschliche Gehirn

1. Endhirn (Telencephalon); 2. Zwischenhirn (Diencephalon); 3. Mittelhirn (Mesencephalon); 4. Brücke (Pons), 5. Kleinhirn (Cerebellum); 6. Verlängertes Mark (Medulla oblongata); 7. Rückenmark (Medulla spinalis).

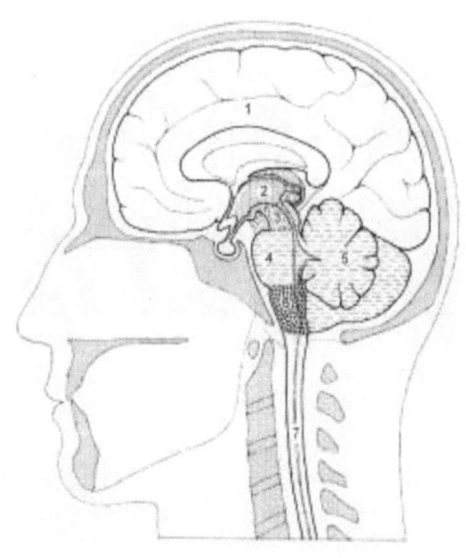

Quelle: Roth, G. (2003); Fühlen, Denken, Handeln. S. 95

Vom Zwischenhirn aus trennen sich die sensorischen Bahnen, von denen einige zur Amygdala und zum mesolimbischen System gehen und die anderen zu den sensorischen und anschließend zu den assoziativen Arealen der Großhirnrinde. Die Bahnen, die zu Amygdala und dem mesolimbischen System führen sind schneller, aber die Objekte werden hier schemenhaft wahrgenommen: ein vorbeihuschender Schatten, ein liebevolles Gesicht, der Klang einer zärtlichen Stimme etc.. Die Großhirnrinde arbeitet etwas langsamer mit einer Zeitverzögerung, aber liefert die Informationen zusammen mit dem Hippocampus, mit allen Details und konkreten Umständen. Der Hippocampus ruft in der Großhirnrinde bestimmte Gedächtnisinhalte auf, die zu der unbewusst-limbischen Wahrnehmung passen und ihren Kontext bilden. Dies erleben wir, wenn wie die Finger von der Herdplatte schon wegziehen (eine unbewusste Reaktion), bevor es weh tut (eine bewusste Empfindung). Im Alltag spielen solche Konditionierungen eine große Rolle und bringen uns oft dazu, Dinge zu tun oder zu lassen, ohne dass wir eigentlich wissen, warum. Ein wichtiger Grund hierfür ist, dass frühe oder mehrfach wiederholte positive und insbesondere negative Erfahrungen sich unbewusst auf der Ebene des mesolimbischen Systems und der Amygdala auf synaptischer Ebene so hartnäckig miteinander verbinden, dass es schwer oder gar unmöglich wird, diese Verbindungen später wieder zu lösen (die Amygdala vergisst nicht!). Viele dieser emotionalen Konditionierungen passieren also in einer Weise, die uns nicht ganz oder erst nachträglich bewusst ist. Zum Teil finden sie in einer Zeit statt, in der wir noch gar kein oder kein erinnerungsfähiges Bewusstsein haben, nämlich im Mutterleib oder in den ersten Tagen, Wochen und Monaten nach unserer Geburt. Während unser zu bewusster Erinnerung fähiges Gedächtnis (Cortex und Hippocampus) noch gar nicht ausgebildet ist, lernt unser limbisches, emotionales Gedächtnis aufgrund der Aktivität der Amygala und des mesolimbischen System bereits, was in unserer Umgebung und an eigenen Handlungen gut oder schlecht, lustvoll oder schmerzhaft, angenehm oder unangenehm ist. In dem bestimmte Geschehnisse einschließlich unserer eigenen Handlungen im limbischen Gedächtnis mit positiven oder negativen Gefühlen fest verbunden werden, erhalten sie eine Bewertung. Diese Bewertung trägt zu der Entscheidung bei, ob irgendetwas noch einmal getan oder gelassen werden soll. Dies erleben wir, sobald wir etwas älter geworden sind, als Gefühle, die uns raten, etwas zu tun oder zu lassen. Gefühle sind in diesem Sinne – Kurzberichte aus dem emotionalen Gedächtnis.[85] Der beste Richtungsweiser ist jedoch das Wort Gottes, das uns stets den sichersten Weg weist:

> *„Verlass dich nicht auf deinen Verstand, sondern setze dein Vertrauen ungeteilt auf den Herrn. Denk an ihn bie allem, was du tust; er wird dir den richtigen Weg zeigen. Halte dich nicht selbst für klug und erfahren, sondern nimm den Herrn ernst und bleib allem Unrecht fern!"* (Sprichwörter 3; 5-8)

N. Was heißt Bewusstsein?

Das Wesen des menschlichen Bewusstseins oder der menschlichen Bewusstheit gehört seit jeher zu den größten Rätseln, mit denen sich Philosophie und Wissenschaft beschäftigen. In den letzten Jahren wurde zum Thema Bewusstsein sehr viel geforscht und geschrieben. In diesem Kapitel gehe ich nur auf einige der gewonnenen Erkenntnisse ein. Das Bewusstsein ist das am schwersten zu

---

[85] Roth, G. (2007); Persönlichkeit, Entscheidung und Verhalten. S. 147.

erklärende und am wenigsten erforschte Phänomen des menschlichen Gehirns. Nach sehr vielen Jahren ist das Bewusstsein immer noch ein Mysterium für uns. In den letzten Jahrhunderten hat man versucht eine einheitliche Definition für das Wort Bewusstsein zu finden. Einige Philosophen glauben, dass sich das Bewusstsein durch wissenschaftliche Methoden gar nicht erklären oder erforschen lässt. Der französische Mathematiker und Philosoph René Descartes postulierte im 17. Jahrhundert die sogenannte dualistische Theorie, die davon ausgeht, dass die Seele (der Geist, das Bewusstsein) und der Körper zwei getrennte Einheiten darstellen.[86] Im Dualismus wird die Meinung vertreten, dass das Geistige (Bewusste, Mentale, Psychische) und das Physische (Materielle) unterschiedliche Wesenheiten (Substanzen) darstellen. Zum Physischen gehört klassischerweise auch unser Körper einschließlich unseres Gehirns. Eine Wurzel des Geist-Gehirn-Dualismus ist die Tatsache, dass wir geistige Zustände wie Denken, Vorstellen, Erinnern und Wollen als völlig verschieden von den anderen Dingen in unserer Welt erleben. Geistige Zustände scheinen keinen Ort zu

---

[86] Hrsg. Fonds: Jahr des Gehirns 1999; Das menschliche Gehirn. S. 110.

haben, keinen Raum einzunehmen, nichts zu wiegen, und ihre zeitlichen Eigenschaften sind höchst eigenartig. Die Hauptfrage im Dualismus lautet, wie geistige Ereignisse – als nicht-physische Wesenheiten – mit physischen Ereignissen wechselwirken können und in welchem Verhältnis Geist und Gehirn zu einander stehen. Bis heute ist es keinem Wissenschaftler gelungen, die Frage „Wer steuert wen?" zu beantworten,[87] siehe dazu das Abbild „Verbindung zwischen Geist und Gehirn".

Abbild: „Verbindung zwischen Geist und Gehirn"

---

[87] Roth, Gerhard (2003); Fühlen, Denken, Handeln. S. 243.

Heute forschen viele Wissenschaftler an dem Phänomen, welche Gehirnareale und elektromagnetischen Muster im Gehirn man als „Fenster zu Gott" bezeichnen kann. Oft wird behauptet, dass Gott weder beweisbar noch widerlegbar sei, deshalb ist es eine Sache des Glaubens. Für einige Wissenschaftler steht es fest, dass „Gott ein Artefakt des Gehirns ist". Daher sind an religiösen und spirituellen Erlebnissen und Einstellungen viele verschiedene Hirnregionen beteiligt. Die Stirnlappen bei rationalistischen, emotionalen und sozialen Aspekten, die Schläfen- und Scheitellappen bei veränderten Bewusstseinszuständen einschließlich mystischer Erfahrungen,[88] siehe dazu das Abbild „Fenster zu Gott".

---

[88] Vaas, Rüdiger; Blume, Michael (2009); Gott, Gene und Gehirn. S. 181.

Abbild: „Fenster zu Gott"

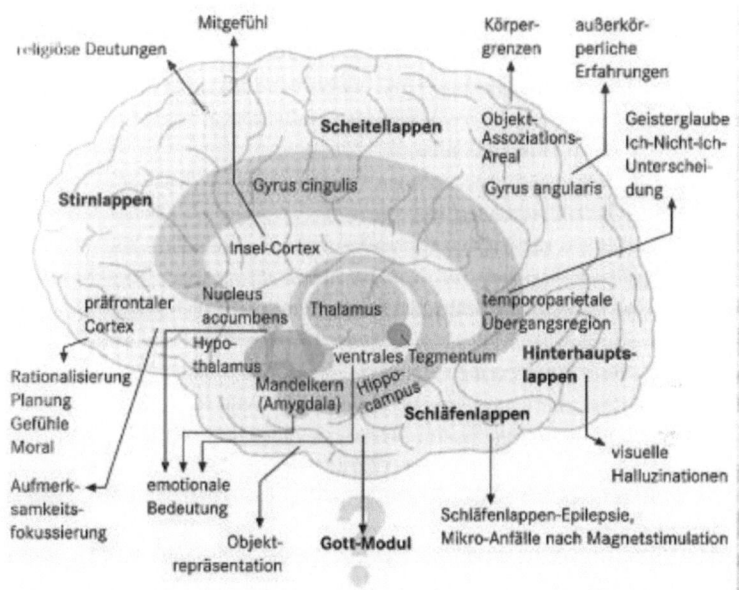

Quelle: Vaas, Rüdiger; Blume Michael (2009); Gott, Gene und Gehirn. S. 181.

Die Neurotheologen befassen sich mit der Erforschung der Fragestellung, wie die Gehirnaktivitäten sowie deren evolutionäre Grundlagen mit Religiosität und Spiritualität zusammen hängen.[89] Hinzu kommen auch viele evolutionspsychologische und soziobiologische Aspekte, dass

---

[89] Vaas, Rüdiger; Blume, Michael (2009); Gott, Gene und Gehirn. S. 179.

Religiosität kann sich auf Erden auch als nützlich erweisen, wenn der Himmel leer ist. Es wird behauptet dass Religiöse Überzeugungen sich im Wesentlichen auf drei Quellen stützen, die in einer Wechselwirkung miteinander stehen: soziale Prägung, persönliches Erleben und rationale Analysen.[90]

• Am wichtigsten ist gewöhnlich die soziale Prägung, insbesondere durch die Familie (prähistorisch: der jeweiligen Gruppe, in der die Menschen lebten), aber auch das engere und weitere Umfeld einschließlich des ganzen eigenen kulturhistorischen Horizonts, kurz: die sogenannte Lebenswelt. Die Religionszugehörigkeit eines Menschen ist mit großer Wahrscheinlichkeit dieselbe wie die (eines Teils) seiner Familie.

• Persönliches Erleben im weiten Sinn umfasst selbstverständlich die gesamte bewusste Biographie, im hier gemeinten engeren Sinn jedoch vor al-

---

[90] Vaas, Rüdiger; Blume, Michael (2009); Gott, Gene und Gehirn. S. 211.

lem spirituelle Erlebnisse (zum Beispiel an „heiligen"
Orten, bei ästhetischen oder gemeinschaftlichen
oder Meditationserfahrungen), veränderte Bewusstseinszustände (wie Drogentrips, Visionen, Nahtoder-
fahrungen), mystische Zustände und sogenannte Of-
fenbarungen. Tiefe religiöse Erfahrungen können
auch beispielsweise beim Studium heiliger Texte
gemacht werden (wie Augustinus und Martin Luther
berichtet haben) oder als ästhetisches Erlebnis der
als Schöpfung aufgefassten Natur.

- Rationale Analysen basieren beispielsweise auf
hermeneutischen Quellenstudien und philosophischen Argumenten; die strengste Form sind die verschiedenen „Gottesbeweise", etwa aus dem Got-
tesbegriff, der Kausalität, der als zielgerichtet und
zweckmäßig geplant gedeuteten Struktur/Ordnung
von Welt und/oder Leben (ontologischer, kosmolo-
gischer und teleologischer Gottesbeweis).[91]

---

[91] Vaas, Rüdiger; Blume, Michael (2009); Gott, Gene und Gehirn.
S. 211.

„Wisset ihr nicht, dass ihr Gottes Tempel seid und der Geist Gottes in euch wohnt?" (Korinther 3; 16)

Das Bewusstsein wird als Teil des „Geistes" betrachtet. Viele Psychologen haben das Bewusstsein mit dem Kurzzeit- oder Arbeitsgedächtnis[92] gleichgesetzt. Das Bewusstsein, worüber wir uns in einem bestimmten Augenblick bewusst sind – ist der Inhalt unseres Kurzzeit- oder Arbeitsgedächtnisses. Wir sind uns auch darüber bewusst, was wir hören, sehen, tasten und riechen, insbesondere dann, wenn wir den jeweiligen Sinnesreizen gerade Beachtung schenken. Unsere Bewusstheit beschäftigt sich damit, über etwas nachzudenken oder Tagträumen nachzuhängen, was auch unterschwellige verbale Prozesse (Denken in Wörtern) und Bilder einschließt. Unser Bewusstsein reicht zurück in die Vergangenheit. Beispiels-

---

[92] Langzeitgedächtnis = gespeicherte Erinnerungen, die aus dem Arbeitsgedächtnis übertragen worden sind. Man hält die Kapazität und Dauerhaftigkeit des Langzeitgedächtnisses für unbegrenzt, doch müssen die Items zunächst einmal aufgerufen und vorübergehend ins Arbeitsgedächtnis überführt werden, damit man über sie verfügen kann. (Thompson, R. (2001); Das Gehirn. S. 514)
Arbeitsgedächtnis = Gedächtnis von mittlerer zeitlicher Dauer, das länger als das Kurzzeitgedächtnis, über Minuten hinweg, anhalten kann. Es wird häufig mit Bewusstsein gleichgesetzt. (Thompson, R. (2001); Das Gehirn. S. 508)

weise sind wir uns über Ereignisse bewusst, die gerade passiert sind, und vage bewusst über Dinge, die sich früher ereignet haben. Wir sind uns ferner bis zu einem gewissen Grad über einige Aspekte der Erfahrung und des Wissens bewusst, die noch weiter zurückliegen und im Langzeit- oder permanenten Gedächtnis gespeichert sind. Bewusstheit umfasst die augenblickliche Situation, das Arbeitsgedächtnis und einige Auszüge aus dem Langzeitgedächtnis. Jedoch umfasst der Geist mehr als nur Bewusstsein, namentlich einen gewaltigen Speicher an Wissen, Erfahrung und Fertigkeiten, die im Langzeitgedächtnis aufbewahrt werden und über die wir uns im jeweiligen Augenblick nicht bewusst sind. Diese können jedoch aus dem „unbewussten" Geist wieder ins Bewusstsein zurückgerufen werden.[93]

Heute vertritt der Großteil der Wissenschaftler die Meinung, dass das menschliche Bewusstsein auf Nervenaktivitäten im Gehirn (neurale Vorgänge im Gehirn) zurückzuführen ist, ohne jedoch zu wissen, wie oder weshalb das Bewusstsein entsteht. Sicher ist, dass das Bewusstsein

---

[93] Thompson, R. (2001); Das Gehirn. S. 458ff.

nicht an einer bestimmten Stelle im Gehirn lokalisiert ist, sondern auf einer Reihe von unterschiedlichen Prozessen beruht, deren gemeinsamer Nenner konkrete oder abstrakte Entitäten sind. Unser Bewusstsein ist also dadurch charakterisier, dass wir unsere Konzentration auf bestimmte Objekte unserer Umgebung oder unseres Geistes – in Form von inneren Vorstellungen, Wünschen, Meinungen, Gedanken – richten können. Wir sind sowohl in der Lage, unsere Aufmerksamkeit auf Entitäten zu richten, die wir vor uns sehen, als auch auf solche, die wir aus unserem Gedächtnis als Erinnerungen reaktivieren. Unser Bewusstsein ist jedoch nicht in der Lage, die Aufmerksamkeit auf eine größere Anzahl von Entitäten gleichzeitig zu richten. Unsere Aufmerksamkeit beschränkt sich zu jedem gegebenen Zeitpunkt auf jeweils eine Entität, sie springt von einer zur nächsten.[94]

Bewusstsein ist kein einheitliches Phänomen, sondern tritt in ganz unterschiedlichen Zuständen auf. Diese haben gemeinsam, dass sie von einem Individuum erlebt werden und von denen zumindest im Prinzip sprachlich berichtet

---

[94] Hrsg. Fonds: Jahr des Gehirns 1999; Das menschliche Gehirn. S. 111f.

werden kann. Hierzu gehören, um hier nur einige zu nennen: (1) Wahrnehmung von Vorgängen in der Umwelt und im eigenen Körper; (2) mentale Zustände und Tätigkeiten wie Denken, Vorstellen und Erinnern; (3) Emotionen, Effekte, Bedürfniszustände; (4) Erleben der eigenen Identität und Kontinuität; (5) „Meinigkeit" des eigenen Körpers; (6) Autorschaft und Kontrolle der eigenen Handlungen und mentalen Akte; (7) Verortung des Selbst und des eigenen Körpers in Raum und Zeit; und (8) Realitätscharakter von Erlebtem und Unterscheidung zwischen Realität und Vorstellung. Die Bewusstseinszustände 4 bis 8 bilden eine Art Hintergrundsbewusstsein, vor dem die Bewusstseinszustände 1 bis 3 das stetig wechselnde Aktualbewusstsein darstellen. Beide zusammen bilden den charakteristischen Strom des Bewusstseins, der nur im Tiefschlaf und bei Bewusstlosigkeit unterbrochen ist. Es gibt nicht das Bewusstsein schlechthin, sondern eine Vielzahl von ganz verschiedenartigen Bewusstseinszuständen, die eben nur die beiden Merkmale gemeinsam haben, dass sie bewusst erlebt und sprachlich berichtet werden können. Diese Zustände werden entsprechend von unterschiedlichen, wenn auch überlappenden Teilsystemen des

Gehirns hervorgebracht. Gemeinsam ist diesen wiederum, dass sie in die Aktivitäten der Großhirnrinde einmünden. Nur diese ist bewusstseinsfähig.[95]

Die weiteren Ausführungen beschreiben die wesentlichen Prozesse wie, wann und wo das Bewusstsein im Gehirn entsteht. Das Bewusstsein ist nach heutiger neurowissenschaftlicher Kenntnis unabdingbar an eine hinreichende Aktivierung der Großhirnrinde gebunden. Die Großhirnrinde ist daher der Sitz des Bewusstseins, wenn gleich nicht der ausschließliche Produzent. Bewusstsein entsteht in der Großhirnrinde, wenn bestimmte unbewusst arbeitende Bewertungsmechanismen, z.B. der Hippocampus, thalamische und limbische Kerne sowie die retikuläre Formation,[96] einen bestimmten Wahrnehmungsinhalt oder auch unbewusste Wünsche oder Motive als wichtig und neu beurteilen. Wenn bestimmte Vorgänge dagegen unwichtig sind, dann werden sie erst gar nicht weiterverarbeitet und verschwinden. Wenn sie wichtig und bekannt sind und es im Gehirn irgendwo ein entsprechendes Bearbeitungsprogramm gibt, dann wird dieses Programm

---

[95] Roth, Gerhard (2003): Fühlen, Denken, Handeln. S. 197f.
[96] retikuläre Formation = netzwerkartige Gestaltung, Bildung.

angestoßen, ohne dass das Bewusstsein überhaupt eingeschaltet werden muss, oder wir merken nur, dass wir etwas tun, aber nicht wie (es handelt sich um ein begleiten-
des Bewusstsein).

Im Fall von wichtig und neu gelangen die entsprechenden Inhalte zuerst in die unbewusst arbeitenden sensorischen Areale, wo sie nach einfachen Details sortiert werden, anschließend in die assoziativen Areale der Großhirnrinde, wo sie mit den unterschiedlichsten Inhalten des
Gedächtnisses und dadurch mit Bedeutungen verbunden
werden. Danach werden diese beiden Verarbeitungspro-
zesse zusammengefügt. Dies ist nach gegenwärtiger Auffassung der Augenblick, in dem die Inhalte in ihren Details
und Bedeutungen bewusst werden. Dies alles dauert im
Normalfall rund eine Drittelsekunde, von der wir selbstverständlich nichts merken.[97]

Die Großrinde besteht aus ungefähr 15 Milliarden Nervenzellen, die untereinander über schätzungsweise eine
halbe Trillion Synapsen verbunden sind. Sie bildet einen
gigantischen „assoziativen Speicher", der hervorragend

---

[97] Roth, G. (2007); Persönlichkeit, Entscheidung und Verhalten.
S. 70ff.

geeignet ist, vorhandene Bruchstücke der Wahrnehmung und des Gedächtnisses schnell zu neuen bedeutungshaften Inhalten zusammenzufügen. Dies gilt auch, wenn wir bei einem Sinneseindruck durch unsere Aufmerksamkeit genauer hinschauen. Dann werden im Gehirn besondere Mechanismen der Detailverarbeitung nach Art einer kognitiven Lupe angeschaltet, und wir sehen plötzlich Dinge, die uns vorher entgangen sind. Die corticalen Synapsen können schneller als Synapsen im übrigen Gehirn ihre Leitfähigkeit und damit die dynamische Verknüpfungsstruktur der corticalen Netzwerke ändern. Diese Änderung geschieht im Sekundentakt. Dies ist der Takt des Bewusstseins und damit der Sinneseindrücke und der Gedanken. Diese wunderbare Leistung der Großhirnrinde ist teuer, weil sie viel Stoffwechselenergie, genauer Sauerstoff und Zucker als Energielieferant erfordert. Dies ist für den Körper und seinen Stoffwechsel eine wichtige Tatsache, denn das Gehirn insgesamt verbraucht sehr viel Energie. Bereits im Zustand der Ruheaktivität mindestens zehnmal mehr, als ihm von seiner Körpermasse her zukäme. Bei anstrengender geistiger Arbeit steigert sich dieser Verbrauch weiter, und man kann dabei richtig ins

Schwitzen kommen. Deshalb ist es von der Energiebilanz her nicht verwunderlich, dass unser Gehirn stets danach trachtet, Dinge zu erledigen, die möglichst wenig oder gar kein Bewusstsein brauchen. Das erfordert das Ausbilden von Routineprogrammen in allen Bereichen der Gehirnaktivität. Solche Routineprogramme haben auch den großen Vorteil, dass sie schnell ablaufen und wenig fehleranfällig sind. Ihr Nachteil liegt allerdings darin, dass sie immer nur für bestimmte Aufgaben zugeschnitten sind und nicht unmittelbar übertragen werden können. Bewusstseinsvorgänge sind dagegen immer langsam und fehleranfällig, aber sie können sehr flexibel mit neuen Geschehnissen und Informationen umgehen. Bewusstsein ist aus Sicht der Hirnforschung eine besondere Art von Informationsverarbeitung, die dann eingeschaltet wird, wenn das Gehirn mit neuen und wichtigen Dingen, mit großen heterogenen Datenmengen und vielen Details konfrontiert wird, die auf ihre Bedeutung und ihre Zusammenhänge hin überprüft werden müssen. Ganz allgemein dann, wenn es um komplexen Sinn und komplexe Bedeutung geht. Bewusstsein ist vom Betrieb her teuer, deshalb ist unser

Gehirn daran interessiert, Dinge ins Vor- und Unbewusste zu verlagern.

Aufgrund neuester neurobiologischer Erkenntnisse vermutet man, dass Bewusstsein dann entsteht, wenn eine bestimmte Anzahl von corticalen Nervenzellen hinreichend stark aktiv ist. Dies geschieht zum einen dadurch, dass die von Eingängen außerhalb der Großhirnrinde erregt werden (z.B. durch sensorische Umschaltkerne des dorsalen Thalamus). Zum anderen dadurch, dass sie sich gegenseitig erregen und beginnen, im selben Takt zu feuern (sich zu synchronisieren). Diese Synchronisationsvorgänge sind an besondere Typen von Synapsen gebunden, die zum Teil rein elektrisch und zum Teil chemisch funktionieren.[98]

Wir halten fest, dass all das unbewusst ist, was nicht in der Großhirnrinde stattfindet. Das Allermeiste im Gehirn ist hoch komplex und läuft unbewusst ab, während viele Bewusstseinszustände vergleichsweise einfach strukturiert sind. Bewusst werden die Vorgänge außerhalb der Großhirnrinde nur dann, wenn Erregungen von den extra-

[98] Roth, G. (2007); Persönlichkeit, Entscheidung und Verhalten. S. 80ff.

corticalen Hirnbereichen in die Großhirnrinde dringen. Allerdings ist auch vieles von dem, was in der Großhirnrinde abläuft, unbewusst. Das Bewusstsein beschränkt sich grundsätzlich auf den assoziativen Cortex[99] und ist dort auch noch an besondere Aktivitätsbedingungen gebunden. Das Bewusstsein entsteht in dem assoziativen Cortex nur, wenn viele grundsätzlich unbewusst arbeitenden Prozesse in anderen Teilen des Cortex und des extracorticalen Gehirns ablaufen.[100] Die Verarbeitung visueller Eindrücke erfolgt sowohl im Auge als auch im Thalamus und dem primären Sehzentrum der Großhirnrinde. Da sich der Prozess dieser Verarbeitung unserem Bewusstsein entzieht, gelangt eigentlich nicht die Wirklichkeit, sondern eine bereits verarbeitete Version in unser Bewusstsein. Im Unterschied zu einer Videokamera sehen wir nicht alles, was um uns herum vorgeht, sondern richten unsere Aufmerksamkeit selektiv auf bestimmte Teile unserer Umgebung. Wir sehen, hören, riechen, fühlen und schmecken nur einen Bruchteil dessen, was sich in

---

[99] Assoziationscortex = Felder der Großhirnrinde, die vielfältige Sinnesinformationen und motorische Befehle zusammenschließen. (Thompson, R. (2001); Das Gehirn. S. 508)
[100] Roth, G. (2007); Persönlichkeit, Entscheidung und Verhalten. S. 84ff.

unserer Umgebung abspielt. Bewusstsein ist damit ein sehr begrenzter Vorgang, auch wenn er unsere ganze Erlebniswelt umfasst.[101] Aus diesem Grund neigen wir dazu die Wunder, die uns täglich begegnen, zu übersehen. Wie bereits erwähnt, sind wir unseres Glücks selber Schmied. Es liegt an uns, welchem Teil der Umgebung wir unsere Aufmerksamkeit schenken. Somit haben wir die Wahl unser Bewusstsein mit positiven oder negativen Dingen zu füllen, so wie es der Weise im folgenden Zitat lehrt:

> „Ein Mönch fragte den Meister „*Was ist das Wesen des Geschehens/Zen-Wunder?*"
>
> Der Meister schrieb ein Wort auf ein Stück Papier.
>
> Es lautete: *Aufmerksamkeit*!
>
> „Ist das alles?", frage der Mönch ungläubig.
>
> Wieder schreib der Meister auf das Papier:
>
> *Aufmerksamkeit! Aufmerksamkeit*!
>
> Immer noch hoffte der Mönch auf mehr. „Weiter nichts? Das ist alles?"
>
> In seiner unendlichen Güte schrieb der Meister ein letztes Mal:

---

[101] Hrsg. Fonds: Jahr des Gehirns 1999; Das menschliche Gehirn. S. 113.

Aufmerksamkeit! Aufmerksamkeit! Aufmerksamkeit!
Weiter nichts."[102]

Unser menschliches Bewusstsein kann also nur einen Bruchteil unserer Umgebung wahrnehmen und somit stehen uns auch nur ein Bruchteil der vorhandenen Informationen zur Verfügung. Welchem Bruchteil aus dem Ganzen wir unsere Aufmerksamkeit schenken, entscheiden wir jedes Mal selbst. Somit haben wir die freie Wahl unsere Aufmerksamkeit entweder den positiven oder den negativen Dingen zuzuwenden und diese tragen dann entsprechend Früchte in unserem Leben.

„Das Himmelreich ist gleich einem Menschen, der guten Samen auf seinen Acker säte."
(Matthäus 13; 24)

Bis jetzt wurde das menschliche Bewusstsein von der neurowissenschaftlichen Sicht dargestellt. Als nächstes möchte ich das Bewusstsein von einer Seite her beleuchten, in der das wissenschaftliche Wissen und die Weisheit Hand in Hand gehen. Es ist bekannt, dass alle körperlichen uns

---

[102] Shoshanna, Brenda (2003); Zen-Wunder. S. 155.

seelischen Erscheinungen sich auf Energien zurückführen lassen. Uns sind die Energieformen der körperlichen Welt: Licht, Elektrizität, Wärme, Bewegungsenergie, Magnetismus und andere bekannt. *Einstein* zeigte in seiner Formel ($E = mc^2$), dass Masse und Energie äquivalent sind, d.h., dass auch die Materie eine Form der Energie ist. Die Materie ist kristallisierte Energie. Uns sind die Energieformen der seelischen Welt bekannt, so wie sie sich in Hirnstrommessungen zeigen oder in Wutausbrüchen, im Zorn usw., so dass wir postulieren können: Alles Sein ist Energie. Aber: Was gibt der Energie Form? Die Antwort lautet: Die In-Forma-tion. Bis heute gibt es für den Begriff der Information[103] keine einheitliche wissenschaftliche Definition. Hier bedienen wir uns folgender Definition: „Information ist das Maß einer Menge von Form. Information ist ein Maß der Gestaltenfülle. Materie hat Form, Bewusstsein kennt Form."[104]

Auf der Basis dieser Erkenntnisse ergibt sich folgende Definition für das Bewusstsein: Alles Sein ist Energie. In-

---

[103] Information (lat. la informare „bilden": eine Form, Gestalt, Auskunft geben) ist im engeren Sinne eine geordnete Abfolge von Symbolen (Wikipedia)
[104] Hrsg. Meinhold, Werner; Condrau, Gion; Langer, Gerhard (1998); Das menschliche Bewusstsein. S. 211.

formation bringt Energie in die Form. Bewusstsein ist das Zusammenspiel von Energie und Information. Aus dieser Definition von Bewusstsein folgt, dass alles Sein Bewusstsein ist. Diese Definition in einer Formel zusammengefasst lautet: $B = E + I$ (Bewusstsein = Energie + Information). Der Quantenphysiker *Bohm* schreibt zur Frage, ob ein Stein Bewusstsein hat. „Es gibt keinen Unterschied zwischen uns und einem Stein", das heißt, dass auch ein Stein ein Bewusstsein hat. Auf dieser Basis leben wir offensichtlich nicht in einer Welt der Materie, sondern in einer Bewusstseinswelt oder Geistwelt. Auch Tiere haben Bewusstsein, jedoch kein Selbstbewusstsein und keinen freien Willen im Sinne *Hegels*, so wie ihn Menschen haben.[105]

> *„Die Materie hat ihre Substanz außer ihr; der Geist ist das Bei-sich-selbst-Sein. Dies eben ist die Freiheit, denn wenn ich abhängig bin, so beziehe ich mich auf ein Anderes, das ich nicht bin; ich kann nicht sein ohne ein Äußeres, frei bin ich, wenn ich bei mir selbst bin. Dieses Bei-sich-selbst-Sein des Geistes ist Selbstbewusstsein, das Bewusstsein von sich selbst. Zwei-*

---

[105] Hrsg. Meinhold, Werner; Condrau, Gion; Langer, Gerhard (1998); Das menschliche Bewusstsein. S. 198.

erlei ist zu unterscheiden im Bewusstsein, erstens, dass ich weiß, und zweitens, was ich weiß. Beim Selbstbewusstsein fällt beides zusammen, denn der Geist weiß sich selbst, er ist das Beurteilen seiner eigenen Natur, und er ist zugleich die Tätigkeit, zu sich zu kommen und so sich hervorzubringen, sich zu dem zu machen, was er an sich ist." (Hegel)

Wenn alles Sein Bewusstsein oder alles Sein Geist ist, dann haben das ganze Sein, das ganze Universum und der Geist in der Qualität unterschiedliches Bewusstsein. Denn das Bewusstsein des Menschen ist vom Bewusstsein eines Tieres qualitativ verschieden. Es existieren unterschiedliche Ebenen des Bewusstseins,[106] die in der folgenden Tabelle „Arten des Bewusstseins" dargestellt sind:

---

[106] Hrsg. Meinhold, Werner; Condrau, Gion; Langer, Gerhard (1998); Das menschliche Bewusstsein. S. 199.

Tabelle: „Arten des Bewusstseins"

Ebene 7 Absolutes Bewusstsein	• Kosmisches Bewusstsein • Bewusstsein in sich • Quelle aller Ebenen • Nichts, Nirwana, Paramatman, Brahman
Ebene 6 Kausales Bewusstsein	• All-Einheits-Bewusstsein, Atman • Keine Subjekt-Objekt-Trennung • Keine Trennung von Leben und Tod • Kausalkörper • Menschlicher Geist als Teil des absoluten Geistes
Ebene 5 Höheres mentales Bewusstsein	• Subtilmentalkörper • Abstrakte Gedanken • Intuition, Vernunft, Intelligenz • Menschlicher Geist
Ebene 4 Niederes mentales Bewusstsein	• Logisches, konkretes Denken • Intellekt, menschlicher Geist • Mentalkörper
Ebene 3 Astrales Bewusstsein	• Gefühle, Begierde, Triebe • Astralkörper
Ebene 2 Ätherisches Bewusstsein	• Lebensfunktionen • Herz, Kreislauf, Nieren usw. • Ätherkörper
Ebene 1 Materielles Bewusstsein	• Materieller Körper, Leib, Materie

Quelle: Hrsg. Meinhold, Werner; Condrau, Gion; Langer, Gerhard (1998); Das menschliche Bewusstsein.

Die Ebene 7 ist die Quelle aller Ebenen, sie durchdringt und trägt alle Ebenen. Sie ist die Quelle der verschiedenen Qualitäten des Bewusstseins. Das absolute Bewusstsein ist die Grundenergie, aus der heraus und mittels deren Kraft die Evolution der Ebenen möglich wird. Die Ebene 7 ist in allen Ebenen vorhanden und doch nicht, das heißt, sie ist bewusst vorhanden. Das unbewusst vorhandene muss im Laufe der Evolution bewusstgemacht werden. Ein bis zur Ebene 6 bewusstes Wesen kann als Gottmensch bezeichnet werden (z.B. Buddha, Jesus, Mohammed). Aus der Ebene 7 stammende Wesen verkörpern sich in einem Menschen, in der körperlichen Existenz, jedoch voll auf der absoluten Ebene. Der Evolutionsprozess des Bewusstseins besteht im Wesentlichen darin, die aus der Ebene 7 fließende Energie bewusst zumachen. Dies geschieht bei allen Wesen mit Hilfe höherer Kräfte. Beim Menschen muss dieser Prozess aus freiem Willen vollzogen werden. Die Evolution des Menschen besteht darin, dass er seinen freien Willen entwickelt und sich freiwillig dem Universalgesetz unterstellt.[107]

---

[107] Moser, F. In: Hrsg. Meinhold, Werner; Condrau, Gion; Langer, Gerhard (1998); Das menschliche Bewusstsein. S. 211.

Alle Weisheitslehren bejahen die Tatsache, dass es eine Art Urenergie gibt, ein Bewusstseinszentrum für das Universum, das alles Geschehen in Form des Universalgesetzes bestimmt. Das Universalgesetz besteht aus folgenden Gesetzmäßigkeiten,[108] die in der Tabelle „Das Universalgesetz" dargestellt sind:

Tabelle „Das Universalgesetz"

Das Universalgesetz
• Alles Sein ist Bewusstsein (Geist).
• Keine Energie, kein Bewusstsein kann je verloren gehen (Energieerhaltungsgesetz).
• Es gibt einen Drang zur Evolution des Bewusstseins.
• Der Evolution des Bewusstseins liegt die Fähigkeit zur Selbstorganisation zugrunde.
• Es gibt ein dauerndes Werden und Vergehen.
• Es gibt die Polaritäten harmonisch/disharmonisch, männlich/weiblich (Yin und Yan).
• Es gibt die Entsprechung „wie oben, so unten".
• Es gibt Ursache und Wirkung (Kausalität) sowohl in der biologischen Realität als auch in der Energie-Bewusstseins-Realität als Karma.

Quelle: Moser, F. In: Hrsg. Meinhold, Werner; Condrau, Gion; Langer, Gerhard (1998); Das menschliche Bewusstsein.

---

[108] Moser, F. In: Hrsg. Meinhold, Werner; Condrau, Gion; Langer, Gerhard (1998); Das menschliche Bewusstsein. S. 202.

Der allgemein verständliche Begriff von Bewusstsein ist die individuelle Zuständlichkeit, in der man im Alltag zwischen bewusst, unbewusst und bewusstlos unterscheidet. Unter Bewusstsein versteht man einen qualitativen als auch quantitativen Begriff von Wachsein eines Individuums. Unter Wachheit versteht man ein Maß an Kommunikation zwischen einem Individuum und seiner Umwelt. Das BewusstSein ist etwas Individuelles, dass sich innerhalb eines Individuums befindet. Selbst wenn man den Begriff Unbewusst verwendet, bedeutet es eigentlich, dass man im sogenannten Unbewussten bei BewusstSein ist (aber nicht bei Ich-BewusstHeit). So ist man beispielsweise im Schlaf bei BewusstHeit, jedoch nicht bei Ich-BewusstHeit, sondern bei Es-BewusstHeit.[109] Das Bewusstsein spielt eine Schlüsselfunktion in der menschlichen Existenz. Das BewusstSein ist jene Form, die den Zusammenhang zwischen Ordnung und Manifestation festlegt, es strukturiert das horizontale Wachstum des Menschen. In diesem horizontalen Zusammenhang ist der Mensch eine Komposition seiner Personalität, hier entwickelt sich der Mensch nicht, sondern er wächst bloß in der

---

[109] Langer, G. und Wessely, Y. In: Hrsg. Meinhold, Werner; Condrau, Gion; Langer, Gerhard (1998); Das menschliche Bewusstsein. S. 240f.

BewusstHeit seiner Personalität, im Rahmen des zirkulären BewusstSeins. Dagegen ist das Bewusst-Werden jene Form, die den Zusammenhang zwischen Wert und Sein festlegt und es strukturiert die vertikale Entwicklung. Im vertikalen Zusammenhang steht der Mensch als Geschöpf zwischen Schöpfer und Schöpfung und entwickelt sich im Rahmen des Bewusst-Werdens innerhalb des Geistes seiner Identität (z.B. Ego, Selbst, Seele). Bei diesem Prozess orientiert sich der Mensch zum Zentrum/Wert hin, wodurch er seine wahre Identität (= Seele) erfüllt. Beim Bewusst-Werden geht es um den Sinn des Menschen innerhalb des Ganzen. Das Geschöpf (der Mensch) unterscheidet sich von dem Rest der Schöpfung indem es den freien Willen inne hat. Das bedeutet, dass jeder Mensch eine freie Wahl trifft, an welchen Werten und an welche Ordnung er sich orientieren möchte. Allerdings, wenn der Mensch in dieser „autonomen" Orientierung sich gegen seinen Schöpfer stellt und sich aus seinem freiem Willen gegen die Ordnung des Universums entscheidet und die Gesetze nicht verfolgt, werden ihm diverse Krankheiten als Lernaufgaben auferlegt.[110]

---

[110] Langer, G. und Wessely, Y. In: Hrsg. Meinhold, Werner; Condrau,

Abbild: „Die Erschaffung des Adams" von Michelangelo in der Sixtinischen Kapelle

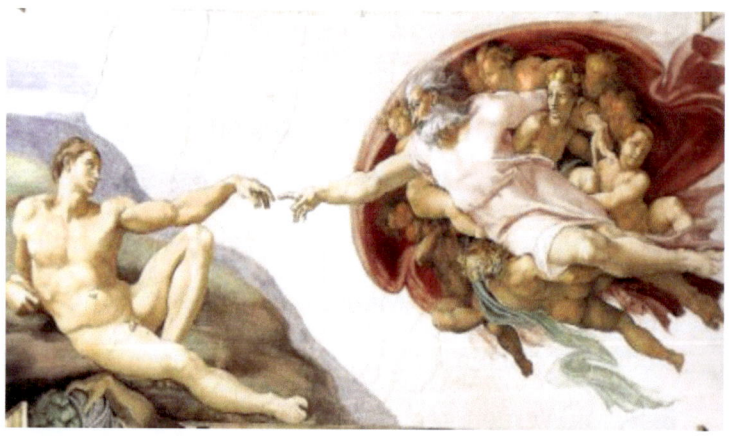

Quelle: Die Sixtinische Kapelle. Eine bebilderte Führung. Edizioni Musei Vaticani. S. 40.

In dem Abbild „Die Erschaffung des Adams" von Michelangelo wird der Zusammenhang zwischen Bewusst-Sein und BewusstWerden folgendermaßen erklärt: Das BewusstWerden wird in Michelangelos Existenz als Maler verstanden. Auch in seinen Werken kommuniziert er mit Gott. In seinem BewusstSein bringt Michelangelo seine Personalität (so wie er den Menschen gesehen hat, näm-

Gion; Langer, Gerhard (1998); Das menschliche Bewusstsein. S. 245f.

lich als Geschöpf Gottes), durch sein Individuum in eine konkrete Form (z.B. durch Bilder) und nimmt den Auftrag vom Papst an, dieses Bild zu malen.[111]

Der Mensch kann nicht im Bewusstsein, sondern nur im Bewusstwerden der Liebe – Teil des Ganzen werden. Denn die Liebe ist nicht machbar, sondern ein Geschenk, dass von Gott kommt. Dieses Geschenk wird beispielsweise in der Beziehung des einen Menschen zum anderen Menschen, mit Gott als Drittem im Bunde offenbart.[112] Folglich verdienen alle zwischenmenschlichen Beziehungen den höchsten Respekt, wie uns die folgenden Bibelworte es lehren:

„Was denn Gott zusammengefügt hat, soll der Mensch nicht scheiden". (Markus 10; 9)

---

[111] Langer, G. und Wessely, Y. In: Hrsg. Meinhold, Werner; Condrau, Gion; Langer, Gerhard (1998); Das menschliche Bewusstsein. S. 246f.
[112] Langer, G. und Wessely, Y. In: Hrsg. Meinhold, Werner; Condrau, Gion; Langer, Gerhard (1998); Das menschliche Bewusstsein. S. 240f.

O. Wie groß ist das Universum?

Ist das Universum unendlich oder nur sehr groß? Ist es von ewiger Dauer oder nur sehr langlebig? Wie können wir mit unserem begrenzten Verstand ein unbegrenztes Universum begreifen? *Hawking* gibt folgende Antworten auf diese Fragen: Wir haben schon bemerkenswerte Fortschritte erzielt, um das Universum besser zu verstehen, jedoch ist das Bild noch nicht vollständig. Die auffälligste Eigenschaft des Weltraums ist der Umstand, dass er immer weiter und weiter reicht. Das haben moderne Beobachtungsinstrumente wie das Habble-Teleskop bestätigt, das uns ermöglicht, tief in den Weltraum hineinzublicken. Unserem Blick erschließen sich Milliarden und Abermilliarden Galaxien verschiedenster Form und Größe. Jede Galaxie enthält ungezählte Milliarden von Sternen, und viele werden von Planeten umkreist. Wir leben auf einem Planeten, der zu einem Stern an einem äußeren Arm der Spiralgalaxie Milchstraße gehört. Der Staub der Spiralarme nimmt uns die Sicht auf das Universum in der Ebene der Galaxie, aber in zwei kegelförmige Raumgebiete zu beiden Seiten der galaktischen Ebene haben wir freie Sicht, so dass wir die Positionen ferner Galaxien bestimmen können. Wir stellen fest, dass die Galaxien im Großen und Ganzen gleichförmig im All verteilt sind und soweit wir sehen können, setzt sich das Universum im Raum grenzenlos fort. Während das Universum überall im Raum weitgehend gleich zu sein scheint, verändert es sich eindeutig in der Zeit. Die Astronomen fanden heraus, dass sich fast alle Galaxien von uns fort bewegen, und dass das Universum expandiert. Wenn sich die Galaxien voneinander fort bewegen, müssen sie in der Vergangenheit näher zusammen gewesen sein. Aus der gegenwärtigen Expansionsrate lässt sich berechnen, dass sie vor zehn bis fünfzehn Milliarden Jahren sehr nahe beieinander gewesen sein müssen. *Einsteins* allgemeine Relativitätstheorie lässt auf einen Anfang des Universums und sogar einen Anfang der Zeit selbst schließen. Wir sind an die Vorstellung gewöhnt, dass Ereignisse durch frühere Ereignisse und diese wiederum durch noch frühere Ereignisse verursacht werden. So erstreckt sich eine Kausalitätskette in die Vergangenheit zurück. Angenommen, diese Kette hat einen Anfang, jedoch gibt es für diesen Anfang in der Natur wenig

Informationen. Diese Annahme lässt darauf schließen, dass das Universum in einem Urknall begonnen hat, in einem Punkt, in dem das ganze Universum und alles, was in ihm enthalten ist, zu unendlicher Dichte zusammengepresst war. An diesem Punkt verliert Einsteins allgemeine Relativitätstheorie ihre Gültigkeit, so dass sie nicht zu der Vorhersage taugt, wie das Universum begonnen hat. So bleibt nur der Schluss, dass der Ursprung des Universums sich offenbar dem Zugriff der Naturwissenschaft entzieht. Die Theorie *Einsteins* bezieht die Unschärferelation, die Zufallselemente der Quantentheorie, nicht mit ein. *Einstein* lehnte dies mit dem Einwand ab, der Herrgott würfle nicht. Doch nach allem, was wir heute wissen, ist der liebe Gott eine ziemlich ausgeprägte Spielernatur. Man kann sich das Universum als riesiges Casino vorstellen, in dem bei jeder Gelegenheit Würfel geworfen und Rouletteräder gedreht werden. Casinobetreiber sorgen dafür, dass die Wahrscheinlichkeit im Durchschnitt zu ihren Gunsten ausfällt, das gleiche gilt für Universum. Da das Universum ständig würfelt, um zu sehen, was als nächstes geschieht, hat es nicht nur eine einzigartige Geschichte, sondern jede mögliche Geschichte, jede mit ihrer eigenen Wahrscheinlichkeit. Die Idee, dass dem Universum jede Menge Geschichten gehören, wurde bereits in der Physik von *Richard Feynman* bestätigt. Heute arbeiten die Wissenschaftler daran, *Einsteins* allgemeine Relativitätstheorie und *Feynmans* Konzept der multiplen Geschichten zu einer vollständigen einheitlichen Theorie zu verbinden, die alles beschreibt, was im Universum geschieht. Mit Hilfe einer solchen allumfassenden Theorie werden wir berechnen können, wie sich das Universum entwickeln wird, wenn wir wissen, wie die Geschichten angefangen haben. Diese einheitliche Theorie kann uns nicht mitteilen, wie das Universum begonnen hat oder wie sein Anfangszustand beschaffen war. Dafür brauchen wir sogenannte Randbedingungen, Regeln, die uns sagen, was in den äußeren Zonen des Universums geschieht, an den Rändern von Zeit und Raum.[113]

Die Größe und das Verhalten des Universums vergleicht *Hawking* mit einer winzigen abgeflachten Kugel, die *Hamlets* Nußschale ähnelt und in dieser Nuß ist alles verschlüsselt, was in reeller Zeit geschieht. Er schreibt: „Hamlet hat also vollkommen recht: Wir könnten in einer

---

[113] Hawking, S. (2001); Das Universum in der Nussschale. S. 77 ff.

Nussschale eingesperrt sein und uns für Könige von unermesslichem Gebiet halten..."[114]

"O Gott, ich könnte in eine Nußschale eingesperrt
sein und mich für einen König von unermesslichem
Gebiete halten ..." (Shakespeare, Hamlet, 2. Aufzug,
2. Szene)

Quelle: Hawking, S. (2001): Das Universum in der Nussschale. S. 107.

---

[114] Hawking, S. (2001); Das Universum in der Nussschale. S. 104.

Als Schlusswort möchte ich das folgende Gebet allen Leser dieses Buches auf den Weg geben.

> „Herr, mach mich zu einem Werkzeug deines Friedens,
> dass ich liebe, wo man hasst;
> dass ich verzeihe, wo man beleidigt;
> dass ich verbinde, wo Streit ist;
> dass ich die Wahrheit sag, wo Irrtum ist;
> dass ich Glauben bringe, wo Zweifel droht;
> dass ich Hoffnung wecke, wo Verzweiflung quält;
> dass ich Licht entzünde, wo Finsternis regiert;
> dass ich Freude bringe, wo der Kummer wohnt.
> Herr, lass mich trachten,
> nicht, dass ich getröstet werde,
> sondern dass ich tröste;
> nicht, dass ich verstanden werde,
> sondern dass ich verstehe;
> nicht, dass ich geliebt werde,
> sondern dass ich liebe.
> Denn wer sich hingibt, der empfängt;
> wer sich selbst vergisst, der findet;
> wer verzeiht, dem wird verziehen;
> und wer stirbt, der erwacht zu ewigen Leben".
> (Gotteslob 29,6)

P. Literaturliste

1. Die Bibel (Das Alte Testament und das Neue Testament)
2. Brockhaus Lexikon
3. Czwalina, Johannes (2001); Der Markt hat keine Seele.
4. Czwalina, Johannes (2002); Was ich anders machen würde.
5. Die Sixtinische Kapelle. Eine bebilderte Führung. Edizioni Musei Vaticani.
6. Edelman, Gerald (2004); Das Licht des Geistes.
7. Fromm, E. (1981); Die Seele des Menschen.
8. Fromm, Erich (1979); Psychoanalyse – Größe und Grenzen.
9. Fromm, Erich (1982); Psychoanalyse und Ethik.
10. Hawking, S. (2001); Das Universum in der Nussschale.
11. Hrsg. Fonds: Jahr des Gehirns 1999; Das menschliche Gehirn.
12. Hrsg. Meinhold, Werner; Condrau, Gion; Langer, Gerhard (1998); Das menschliche Bewusstsein.
13. Lauster, P (2000); Lassen Sie der Seele Flügel wachsen.
14. Roth, G. (2003); Fühlen, Denken, Handeln.
15. Roth, G. (2007); Persönlichkeit, Entscheidung und Verhalten.
16. Spieth, R. (1949); Der Mensch als Typus.
17. Suzuki, Shunryu (1970); Zen-Geist. Anfänger-Geist.
18. Thompson, R. (2001): Das Gehirn.
19. Thorwald, D. (1979); Schicksal als Chance.
20. Vaas, Rüdiger; Blume, Michael (2009); Gott, Gene und Gehirn.